JN439019

김광식 지음

mediazoom

나무, 마음을 내밀다

수필은 심성의 문학이다. 글 쓴 사람의 심성이 그대로 드러난다. 김광식 선생 수필은 곡진하다. 그리고 지극하다. 그가 가진 심성이 곡진하고 지극한 까닭이다. 손을 내밀듯 나무에 마음 내밀어 썼기에 수필집 어디를 펼쳐도 나무 향이 난다. 목향이고 문향이다. 곡진하고 지극한 심성에서 나는 향. 어디를 펼쳐도 은은하다. - 동길산 시인

책을 펴내며

나무 한 그루에 눈길 한 번 더 주고픈 마음으로

우연히 술좌석에서 고희 때는 책을 한번 내보겠다는 말이 씨가 되었다. 주변에서 언제 책이 나오느냐 자꾸 묻는 바람에 틈틈이 소고를 준비하던 중, 마침 부산진구청에서 창작활동을 하고 있는 지역 예술인의 작품을 지원한다는 공고까지 나와 생각을 가다듬고 책을 만들기로 결심했다. 막상 작업을 하려고 하니 여간 어려운 일이 아님을 깨달았다. 첫 수필집을 낸다 하니 솔직히 두렵다. 읽는 이들이 실망하지는 않을까? 어디서부터 어떻게 시작을 하여야 할까, 무엇을 써야 할까 멍멍하다. 그러나 그동안 꾸준히 써온 나무에 대해 곰곰이 생각하며 나무의 고마움을 알릴 계기가 필요하다는 생각이 들어 과감히 펜을 들었다.

우리가 무심코 보는 나무도 그 나무에 대해 알고 보면 다시 한 번 눈이 가고 애착심이 생긴다. 길가의 가로수에서부터 공원에 있는 많은 나무들의 생태를 알고 나무와 친해져야 하는 이유를 설명함으로써 이제까지 외면했던 나무들에게 눈길이라도 한 번 더 주고 나무와 친구가 되는 사람들이 많았으면 한다.

또한 나무가 우리들의 삶에 매우 중요하다는 것을 인식시켜주는 계기가 되었으면 한다.

수필이야말로 내 인생의 멋진 벗이고 살아온 흔적이다. 나이를 따지면 어설픈 욕심 같았지만 마음 한구석에 남아있는 꿈틀거림을 나타내고 싶었다.

그동안 글을 쓰게끔 동기부여를 해준 동길산 시인, 차대진 실장, 사진을 제공한 박정화에게도 감사드린다. 끝으로 책을 만들어주신 (주)미디어줌 박미화 대표께도 감사를 표하고 싶다.

2019년 4월 23일 김광식

작품 해설

숲의 메신저, 김광식의 나무 이야기

박양근(문학평론가, 부경대 명예교수)

보통 사람은 살며 이야기한다. 그들 가운데는 무엇인가 생각하고 그것에 대해 글을 쓰는 사람이 있다. 그는 작가라고 불린다. 김광식의 수필 이야기를 읽을 때 가장 먼저 떠오르는 키워드는 산꾼, 나무꾼, 글꾼이다. '꾼'이란 어떤 것을 온몸으로 보여주는 사람을 지칭한다. 김광식을 나무 이야기꾼으로 부르는 이유는 나무를 통해 아름답고 따뜻한 사회를 만들려고 하기 때문이다.

김광식이 첫 수필집으로서 테마에세이 『나무, 마음을 내밀다』를 발간한 이유는 나무에 대한 고마움을 널리 펼치기 위해서이다. 그는 이 점에 대해 책머리에서 다음과 같이 밝힌다.

우리가 무심코 보는 나무도 그 나무에 대해 알고 보면 다시 한 번 눈이 가고 애착심이 생긴다. 길가의 가로수에서부터 공원에 있는 많은 나무들의 생태를 알고 나무와 친해야 되는 이유를 설명함으로써 이제까지 외면

했던 나무들에게 눈길이라도 한번 더 주고 나무와 친구가 되는 사람들이 많았으면 한다. 나아가 나무가 우리들의 삶에 매우 중요하다는 것을 인식시켜주는 계기가 되었으면 한다.

김광식의 나무 이야기는 생활 밀착형 산문이어서 반갑다. 우리 주변에서 매일 볼 수 있는 나무여서 더욱 애착이 간다. 마치 수목원에 들어선 듯 그의 수필집을 대하다 보면 나무 인간이 걸어나와 이야기하는 느낌을 받는다. 작가와 나무가 혼연일체가 되어 있고 진지한 애정으로 쓴 결과라고 할까.

수필집 『나무, 마음을 내밀다』는 5부로 구성되어 있다. 4부에 걸친 31편은 61종류의 나무를 소개하며, 5부 「잡동사니 이야기」도 나무와 숲과 산행이라는 주제로 엮여 있다. 김광식의 삶을 요약하면 요산요림(樂山樂林)이라는 사자성어만큼 적절한 별칭이 없을 정도로 그의 수필은 나무가 말하는 스토리텔링 자체라고 하겠다.

1. 춘목(春木): 소생과 희망

봄철 나무 이야기는 생명의 탄생을 알려주는 초록 빛깔로 시작한다. 초록 나무를 대면하는 사람들은 하늘 끝까지 뻗어나가고 싶다는 꿈으로 일렁인다. 이것이 봄철 나무에 대한 작가의 인상임으로 '봄에 만난 나무들'을 소개하는 서두에도 생기가 넘쳐난다.

봄은 온 대지가 꿈틀거리는 계절이다. 나무가 긴 잠에서 깨어나 온몸에 푸른 옷을 입히는 계절이다. 예쁜 녹색의 옷을 만들어 가지마다 풀어 놓아 생동감을 주고 나무들은 파란 물감을 물들인다.

봄은 얼었던 대지의 물도 녹이고 바람까지도 훈훈하게 녹인다. 모든 것을 움직이게 만드는 비법은 무엇인가 봄에게 묻고 싶다.

봄의 수목원에서는 작가가 연출가이고 나무가 주역을 담당한다. 마치 나무 스스로 무대에 등장하여 자신이 누구인가를 소개하는 듯하다. 당연히 학명, 별명, 수령, 크기, 분포, 모양뿐만 아니라 꽃말, 의약 효과, 위치, 번식과 나무에 얽힌 일화까지 세세히 소개된다. 이런 화법은 숲해설사로서 그의 연륜을 고스란히 반영해준다.

김광식은 개인적으로 소나무를 가장 좋아한다고 말한다. 소나무는 우리나라 대표적 수종으로서 사계절 내내 청정한 푸르름을 지켜낸다. 작가도 단순한 수목 안내자가 아니라 인간과 자연은 함께 살아야 한다는 생태학적 옹호자로서 소나무의 삶을 강조한다.

처음엔 소나무를 '수리(으뜸, 우두머리)'라고 불렀고 수리가 솔이 되었고 여기에 나무를 붙여서 소나무가 되었다. 옛날 우리 조상들은 아기가 태어나면 소나무 가지를 건 금줄을 치고 배고플 땐 소나무 껍질(송기)을 벗겨 죽을 쑤어 먹고 추석날 솔향기가 가득한 송편을 먹고, 소나무로 집을 짓고 죽으면 소나무 관에 누워 소나무 숲에 묻혔다. '사람은 태어나서 죽을 때까지 소나무와 함께 한다'는 옛말이 틀린 것이 아닌 것 같다.

작가는 '수리'라는 이름을 통하여 대상으로서 소나무와 관계를 맺기 시작한다. 그 다음에는 나무가 확장되어 인간에게 베푸는 희생과 봉사와 헌신을 알려주고 마지막으로 "나무는 모든 것을 우리에게 다 주는데 우리도 베풀고 비우는 연습을 해야 한다"라는 교훈을 덧붙인다. 나무의 일생을 밝히는 문장 배열은 유명인사를 소개하는 전기와 평전을 연상시킨다. 결미는 이러한 구성과 기법을 보다 뚜렷이 하고 있다.

작가는 「소나무, 참나무: 한민족의 곁에서 익숙하게 살아오다」에서 "오늘부터라도 나무에 더 가까이 가야 한다. 나무를 더 사랑해야겠다."라고 다짐한다. 천지를 창조한 조물주가 자신의 업적을 '아름답다'라고 찬탄했다면 작가는 '나무와 인간과 자연을 사랑하라'라고 설득한다. '물이 나오지 않는 나무는 없다', '나무에는 생명의 힘이 있다', '나무엔 인고의 시간이 숨어 있다', '숲길을 걸으면 몸에 변화가 온다', '나무는 우리에게 아무런 보상과 요구도 하지 않는다', '나무의 소리는 자연이 들려주는 음악이다'라는 아포리즘 하나하나는 나무에 대한 작가의 경배심을 보여 주고 있다.

작가는 나무를 통해 인간이 배워야 할 삶의 지혜를 제시한다. 이로써 그의 수필집은 인간의 영혼을 두드리는 팡세에 가깝다. 그가 나무에 관심을 갖게 된 계기는 어디에 있는가. 그 애착은 그의 아버지의 자연사랑에서 유래한다.

조금 오르니 옥수정 약수터가 보인다. 이 옥수정 약수터는 약 40년 전 아버님께서 손수 만든 곳이다. 추억이 서린 곳이다. 당시 아버님께서는 비가 오나 눈이 오나 매일 옥수정에 올라가 청소도 하고 옆쪽으로 조그만 텃밭도 가꾸셨다. … 산짐승과 나누어먹는 기쁨도 함께 누리신 것 같았다. … 그래서 옥수정에 정이 참 많이 간다. 약수 한 모금 들이미고 약수터 주위를 청소한다. 청소하면서 아버지 체취를 느낀다.

-「리기다소나무, 서어나무: 더불어 사는 지혜를 만나다」 일부

김광식의 몸에는 선친으로부터 물려받은 자연사랑이라는 DNA가 스며있다. 나무를 대하면 세상 욕심이 저절로 사라지는 것도 옥수정 추억에서 비롯한다. 정년퇴임 후 숲해설사로 활동하고 야간산행 500회 이상을 이끈 봉사심도 아버지의 숲 사랑에서 시작한다. 그 덕분에 그의 글은 더욱 따스하고 친근할 수밖에 없다.

2. 하목(夏木): 성숙과 결실

여름나무 이야기는 계절에 맞게 역동적인 문장으로 펼쳐진다. 나무는 활기차고 풍성하며 숲은 낙원의 장소로 묘사된다. 작가는 거듭 거듭 "바람, 피톤치드, 푸르름, 낙원, 결실"이라는 담론으로 여름나무를 앞세운다.

여름은 나무들이 뜨거운 대지를 식혀주고 시원한 바람까지 만들고 피톤치드를 내뿜어 온갖 새들의 낙원의 장소로 제공한다. 나무가 없는 여름을 생각하면 얼마나 삭막한지? 온 대지가 푸르다 못해 쪽빛 세상이다. 나무들이 쑥쑥 자라는 소리가 들린다. 가장 활발하게 움직이는 계절이다.

작가는 무더위를 마다하고 공원과 산으로 여름산행을 나선다. “태양의 빛을 받아 반짝이는 나무”와 “물방울이 부서지는 것 같은 공기가 상큼하게 깨어 있는 산”이 그를 마중한다. 산새 소리가 어울리면 멋진 선물을 받았다는 마음으로 행복해한다. 숲해설가로서 김광식은 그 일체감을 풍경화 같은 문장으로 표현해낸다. “푸르름이 더하니 내 마음도 푸르다. 푸른 마음으로 숲을 보니 더욱 푸르다”라는 묘사는 숲의 향기와 맥박의 이미지를 더없이 강조해주고 있다.

작가는 자신의 몸과 마음이 초록 향기로 물들어 갈 때 더없는 행복감을 느낀다. 부산시민공원의 연꽃과 향나무, 수양버들과 아왜나무, 공원 역사관의 미선나무, 곳곳에 자라는 밤나무와 감나무를 대할 때면 봄철에 느끼지 못했던 녹음에 감동한다.

여름나무는 그에게 갖가지 과실도 제공해 준다. 보통 사람들은 가을을 결실의 계절로 간주하지만 나무와 숲에 대한 남다른 체험을 쌓고 있는 그는 여름을 베풂의 계절로 간주한다. 광합성 활동이 가장 활발한 여름에 대부분의 과육이 익어간다는 것을 목격했기 때문이다. 나아가 작가는 나무의 과실을 먹거리가 아니라 관혼상제의 예법에 연결시킴으로써 나무에 관한 인문학적 생태관을 더욱 깊게 만들고 있다.

옛날에 딸을 낳으면 딸 몫으로 오동나무 몇 그루를 심고 아들을 낳으면 선산에 아들 몫으로 소나무를 심었다. 딸이 성장하여 시집 갈 나이가 되면 십수 년간 자란 오동나무를 잘라 농짝이나 반닫이를 만들어주었다. 아들의 경우 주인이 줄을 때까지 계속 자라게 둔다. 그래서 본인의 관을 짜는

데 사용하였다. 이처럼 탄생과 더불어 숙명을 같이 하고 죽을 때까지 더불어 묻히는 나무이다.

-「아왜나무, 오동나무: 부산진구의 길을 지키는 나무들」 일부

예로부터 우리 선조들은 밭둑에 대추나무, 야산 자락에 밤나무, 마당가에 감나무, 숲에 돌배나무를 반드시 심었다. 제사상의 맨 앞 과일 줄에 올라가는 조율이시(棗栗梨柿)로서 꼭 챙겨야 할 과일나무이기 때문이다.

-「밤나무, 감나무: 우리 곁의 친근한 과수들」 일부

김광식은 나무의 결실을 희생의 극치로 풀이한다. 산 자와 죽은 자를 위해 자신의 몸체마저 바치는 나무의 헌신을 목격한 작가는 옛 선비들이 덕절(德節)의 시를 지어 나무에게 바쳤듯이 첫 수필집 『나무, 마음을 내밀다』를 수목에게 헌정한다. 그때 작가의 정서는 생육의 절정에 다다른 숲의 활기보다는 한낮의 활동력을 뿜어낸 성숙한 노을과 같다. 그만큼 여름나무에 대한 그의 자세는 경건하고 엄숙하다.

저 붉은 저녁노을이 아름다운 까닭은 집착이 없기 때문이 아닐까. 인간사이 덧없음과 사람이 죽을 때 어떻게 죽어야 하는지 저녁노을을 바라보면서 다시 한 번 생각해 본다. 공기 좋고 물 좋은 곳에서 하루를 잘 보내니 즐거움이 배가 되는 듯하다. 행복한 하루다.

-「먼나무, 개살구나무: 짙푸른 녹음의 계절」 일부

인간은 누구나 봄철 향기를 반긴다. 하지만 여름의 넓은 그늘과 풍성한 과일의 고마움을 무심하게 받아들인다. 인간사에서도 사람은 희생과 보시의 미덕을 쉽게 잊고 있다. 하지만 김광식은 나무를 경배하는 자연인이므로 숲의 존재성과 나무의 일생을 잊을 수 없다. 그가 말하고 있는 행복도 가벼운 만족이 아니라 희생심에 경외하는 진심에 가깝다. 이러한 나무의 교훈을 온몸으로 체험하고 싶어 작가는 여름 숲을 방문하기를 주저하지 않는다.

3. 추목(秋木): 고통과 달관

가을나무 이야기는 가을철답게 자아성찰과 죽음에 대한 의식으로 엮어진다. 작가는 가을 단풍에 찬사를 보내면서도 나무가 당면할 종말에 주목한다. "마지막 단풍, 은퇴 준비, 절화(切花)의 미학, 상사의 연민"이라는 말은 가을나무의 진정성을 숨김없이 전한다. 당연히 가을나무 편의 서두에는 쇠락의 이미지가 깔린다.

가을은 나무들이 온 천지를 물감을 뿌려놓은 듯이 알록달록한 세상을 만들어준다. 다가오는 겨울을 준비하고 한껏 아름다운 세상을 우리에게 선사한다. 버릴 것은 버리고 다가오는 겨울을 준비하는 것이다. 가을나무의 지혜를 엿볼 수 있다. 나무를 닮고 싶다.

작가의 심경이 계절 따라 변하고 있다. 봄에는 "묻고 싶다", 여름에는 소리를 "듣고 싶다"라고 했던 그가 가을에는 "나무를 닮고 싶다"고 말한다. 그가 닮고 싶은 나무의 속성은 고통과 달관과 '성숙 속의 겸손'이다. 가을나무는 노거수이든, 낙엽수이든 "한없이 베푸는 넉넉한 마음"의 상징이다. 그 나무들은 "절체절명의 위기를 잘 넘긴 징표"로서 상처를 무난히 이겨냈으므로 더욱 감격적이다. 그래서 "옹이는 고통의 흔적이고 아픔의 흔적"이므로. 작가는 "나도 옹이를 보면 참나(眞我)를 만나야 겠다"는 각오를 다진다. 이것이 "가을나무를 닮고 싶다"는 내용이다.

작가는 서두에서처럼 나무의 옹이를 바라본다. 옹이의 진실은 "아픔을 통해 얻은 삶의 향기"로 승화된다. 나무로부터 삶의 징표를 배우고 수필 언어로 표현할 수 있어 "더욱 기분이 좋다." 그 점에서 김광식의 수필은 활자의 숲이라 해도 지나치지 않다. 삶의 지혜란 자기보다 더 고결한 품격을 본받는 것이 아니가.

나무의 또 다른 미덕은 자리를 가리지 않는 것이다. 콘크리트 빌딩 숲, 시민공원, 장산이나 황령산이든 개의하지 않는다. 왜냐하면 자리가 나무를 만들어주는 것이 아니라 나무가 있음으로 그 자리가 더욱 빛나기 때문이다. 작가는 나무의 퇴장을 "앙상한 가지, 마른 낙엽, 소슬한 가을바람, 풀벌레 소리"라는 서정적 묘사로 표현하면서 동시에 "본성이 나를 깨우는 시간을 가져야겠다"고 반추한다.

김광식의 사색과 사유는 "나무와 더불어 살아간다"는 인생관을 대변해준다. 그는 어떤 단어보다 "더불어"라는 생태용어를 사랑한다. 나무를 "사방을 비추는 거울"로 여기고 있다는 느낌도 준다. 이러한 그의 모습은 11월의 나무를 지켜보는 묘사에서 한결 뚜렷해진다.

내 안의 뜰에서 자라는 체면과 꾸밈을 걷어내고 싶다. 격식과 형식에서 벗어나 텅빈 하늘처럼, 허허벌판처럼, 자신의 모습을 그대로 드러내고 싶다. 분주했던 마음을 차분히 가라앉히고 자신을 돌아보게 하는 성찰과 삶의 속도를 줄여 자기만의 시간과 공간을 마련하고 싶다.

-「산딸나무, 석류나무: 딸기 같은 열매, 십자가 모양 꽃잎 산딸나무」 일부

가을나무는 '떨켜'의 미학을 구현한다. 가을나무는 과일과 단풍과 말라버린 나뭇가지를 미련 없이 떨군다. 봄이 되면 새잎을 다시 피운다는 기약이 있지만 '떨어짐'이라는 변신이 없다면 어찌 나무를 존중할 수 있겠는가. 은퇴자로서 작가는 가을나무에서 '자리내어줌'의 교훈을 새롭게 인식한다. 가을나무를 "때가 되면 후손들에게 자리를 물려주고 명예롭게 은퇴"해야 한다는 처세를 가르쳐주는 스승으로 간주한다. 자신을 낮추는 하심(河心)을 배우는 사람만이 가을나무 곁에 설 자격을 갖는다. 그 앞자리에 김광식이 서 있다. 그 모습을 찾아 낸 독자라면 가을나무 편을 제대로 읽었다고 할 것이다.

4. 동목(冬木): 최소의 소유

삶과 존재 사이에는 질적 차이가 있다. 그것을 데카르트는 '나는 생각한다. 그러므로 존재한다'고 풀이한다. 글을 쓰는 작가로서 김광식은 모든 나무는 생각하고 존재한다고 여긴다. 그것을 작가는 나무가 지닌 '최소의 소유'라고 천명하기도 한다.

겨울나무는 한동안 지녔던 잎과 열매들을 말끔히 떨쳐버리고 최소한의 양분만 간직한 채 하얀 눈으로 꽃송이를 만들어 우리에게 흰 꽃을 선사한다. 세찬 삭풍도 온몸으로 맞으며 우리에게 인내란 무엇인지를 가르쳐주는 계절이다.

작가가 겨울나무에서 얻은 교훈인 최소함의 결실로써 무소유의 개념을 새롭게 풀어낸다. 사람들은 무소유라는 정신세계를 갈망한다. 그러나 갈망 그 자체는 이미 무소유가 아니다. 무소유는 어쩌면 신기루 같은 환상에 불과할지도 모른다. 그 허상을 깨트리려는 작가는 겨울나무가 지닌 '최소의 소유'와 '최대의 인내'라는 도덕성을 강조한다. 나아가 겨울나무를 소개할 때면 겨울 혹한과 눈발과 삭풍을 함께 꺼낸다. 그 대표적인 예를 소개한다.

계곡에 스산한 바람이 분다. 계곡의 나무들에게 올 겨울을 잘 준비하라고 일러준다. 나무도 화답한다. 잎을 떨어뜨린 빈 가지를 흔들며 소리 낸다. 그 많이 울던 새들은 다 어디 가고 조용하다. 겨울의 문턱에 서니 저절로 지나온 자취가 뒤돌아보인다. 저 수목들의 빈 가지처럼 허공에 길을 열어 소리 없는 소리를 듣도록 해야 겠다. 겨울의 빈 들녘처럼 우리들의 의식을 텅 비울 필요가 있다.

-「복자기나무, 회화나무: 영·좌·우의정 자리에 심었던 회화나무」 일부

작가는 텅 빈 계곡에 서 있다. 봄여름가을의 만산청엽홍엽이 사라지고 오직

겨울 삭풍만 가득하다. 작가는 그 속에서조차 겨울을 잘 이겨내자는 당부를 나무와 주고받는다. 그때 찾아낸 침묵 속의 교훈은 놀랍게도 나무의 '옹이'에서 발견된다. 옹이가 나무의 상처라는 표현에는 김광식이 말하고자 하는 마지막 언어가 숨어 있다. 그것은 상처의 고통을 잊으면 "마음속은 항상 풍요롭다"는 믿음이다. 겨울나무를 유달리 사랑하는 이유는 무엇보다 "삶은 세상에 하나밖에 없는 그 무엇과도 바꿀 수 없는 너무나 소중한 존재"라는 고백으로써 이 존재성이 삶과 죽음에 대한 문제와 해답을 이루고 있다.

겨울나무의 마지막 교훈은 수필 「새벽달: 새벽달 아래 그리운 사람을 생각하다」에 반영되어 있다. 그는 새벽달을 바라보며 무엇보다 "남이 그리워하는 사람"이 되고 싶어 한다. 남으로부터 그리움을 받을 수 있는 실체는 사회적 유명세를 얻은 세속적 명사가 아니라 인격 자체로서의 나상(裸像)에 가깝다.

사람의 실체는 떠난 자리에 향기가 남아야 한다. 앞모습보다 뒷모습이 아름다워야 한다. 이제 서서히 거추장스러운 옷을 하나씩 벗고 맨몸으로 있는 그대로 보여야 겠다. 지난 상처 난 흔적도 보이고 하얀 백발도 피부도 쭈글쭈글 골이 파여도 있는 그대로 보이고 싶다. 이제 삶의 추도 느슨하게 하고 느슨한 삶을 녹슬지 않도록 조금씩 천천히 닦아주고 미움의 부피를 줄이고 마음에서 불필요한 것을 모두 떼어야 겠다. 이젠 나의 꽃을 피우고 싶다. … 내면의 뜰을 넓혀나가야 겠다. 그러면 영혼의 뜰이 한 뼘쯤 넓어지리라.

-「새벽달: 새벽달 아래 그리운 사람을 생각하다」 일부

김광식은 언제 어디에서 이런 놀라운 상념을 떠올렸을까. 어쩌면 야간산행 중에 하늘에 떠 있는 새벽달에 비친 겨울나무를 보고 생각했을지도 모른다. 작가에게 모든 것과 결별하는 것은 죽음이 아니라 다음 해를 위한 새로운 삶으로 여긴다. 버림을 해탈의 환희로 수용하는 작가에게 12월은 그러므로 남다른 의미를 가질 수밖에 없다. 자신의 속 겨울나무야말로 이간의 속얼굴을 들여다볼 수 있는 진정한 겨울이 아닌가.

결론: 나무에게 바치는 경배

김광식에게 나무는 인문주의적 철학자이고 끊임없이 정진하는 수도자이다. 그 나무가 항상 그의 곁에 있다고 김광식은 확신한다. 나무의 본성을 제대로 이해하지 못하고 마냥 지나가 버리는 사람에게 작가는 "내가 나무가 되어보고 나무가 나라고 생각하라"고 충고한다. 그 충고의 핵심은 물아일체 사상으로서 시종『나무, 마음을 내밀다』속에 면면히 흐르고 있다. 무엇보다 나무의 지혜는 1년 365일 단 하루도 빈틈없이 이어지고 있다.

나무는 매번 꽃을 피운다. 첫 번째는 물어볼 것도 없이 문자 그대로 꽃이요, 두 번째는 잎이라는 꽃을 피우고, 세 번째는 단풍이라는 꽃이고, 네 번째는 겨울의 잎 없는 가지의 눈꽃(雪花). 오늘도 나무와 꽃과 말없이 대화하면서 공원을 거닐고 간다. 행복하다.

-「수양버들, 미선나무: 봄을 나르는 솜털과 꽃향기」일부

나무는 말한다. 잎으로 꽃으로 열매로 뿌리로 말한다. 작가는 「말(言)」이라는 수필에서 과묵하라고 가르치지만 나무의 말은 끊임없이 경청하라고 덧붙인다. 나무의 말에는 오직 "격려의 말, 칭찬의 말, 축복의 말"뿐이다. 그래서 김광식은 메시지를 전달하는 메신저가 되고 싶어 한다.

김광식은 오늘도 숲으로 출근한다. "자연과 더불어 일과를 시작"하는 행복을 누리기 위해서다. 오늘날 전국적으로 숲길 걷기가 유행이다. 과연 어떤 마음으로 숲길로 들어서야 할까. 그 지혜의 해답이 김광식이 전하는 나무의 이야기 속에 있다.

추천사

나무 같은 사람의 나무 이야기

차대진(부산진구신문 편집장)

나무같은 사람이다. 흔들리지 않는다. 뿌리 깊은 나무가 바람에 흔들리지 않듯 그가 그렇다. 나무같이 살아온 사람이 나무이야기를 펴냈다.

거의 모든 나무가 일평생을 한자리에서 보낸다. 씨앗이 자리를 잡아 싹을 틔우면 그곳에서 나무는 평생을 보낸다. 한 곳에서 움직이지 않고 살아가는 나무에 무슨 이야기가 있을까싶지만 나무는 많은 이야기를 간직하고 있다.

작가가 써내려간 이야기는 나무 하나하나가 세상에 말하고 싶어 하는 이야기들이다. 그런데 나무들의 이야기는 마치 작가가 살아온 인생 이야기 같다. 작가가 살아온 인생이 나무에 투영된 듯하다.

"상처가 아문 자리에는 어김없이 단단한 옹이가 박힌다. 나무에게 옹이는 절체절명의 위기를 잘 넘긴 징표다. 살다보면 누구나 지우기 힘든 상처 하나 쯤은 간직하게 마련이다. 걸으로 드러나는 것이든 속으로 삭아든 것이든 상처는 잘못 관리하면 덧나기도 하지만 잘 치유하면 더욱 건강하게 살아가는 계기가 된다."(후략)

그는 아픔을 통해서 비움을 배운다고 한다. 다 비우고 내려 놓았을 때에 비로소 아픔은 채워지고, 아픔을 통해 얻은 삶의 향기가 채워진다고 한다. 나무를 바라보는 그의 모습을 상상해본다. 자연을 관조하는 한 수필가의 모습이 보인다. 동시에 인생을 관조하는 한 구도자의 모습도 보인다.

그는 격동의 세월을 살아온 사람이다. 대기업 임원으로 일하다 퇴직했다. 마치 나무처럼 말없이 묵묵히 선행을 베풀었다. 나무를 아끼고, 산을 좋아하고, 사람을 사랑하는 그의 성품이 글에 녹아 있다.

그의 글은 씩씩하다. 담백하고 거짓이 없다. 나무에 대한 사랑이 깊어지고 사람에 대한 애정이 깊어지는 글이다. 좋은 사람이 쓴 좋은 글이다. 책을 읽으면서 좋은 사람이 되어가는 기분이 든다. 기분 좋은 나무 냄새가 이 책에서 퍼져나온다. 기분이 좋다.

차례

두 번째 여름에 만난 나무들

세 번째 가을에 만난 나무들

네 번째 겨울에 만난 나무들

다섯 번째 잡동사니 이야기들

첫 번째

봄에 만난 나무들

봄은 온 대지가 꿈틀거리는 계절이다.
긴 잠에서 깨어난 나무가 온몸에 푸른 옷을 입는다.
예쁜 녹색의 옷을 만들어 가지마다 풀어놓아 생동감을 더한다.
얼었던 대지의 물도 녹이고 바람까지도 훈훈하게 녹이는 봄.
모든 것을 움직이게 만드는 비법은 무엇일까?
봄에게 묻고 싶다.

소나무, 참나무

한민족의 곁에서 익숙하게 살아오다

오늘도 백양산을 오른다. 산을 오르면서 문득 나무의 고마움도 모르고 그저 무의식적으로 다닌 게 아닌가 하는 생각을 해본다.

나무 이야기에 대해 해보려고 한다. 먼저 우리나라의 대표적인 나무인 소나무부터 알아보아야겠다. 처음엔 소나무를 '수리(으뜸, 우두머리)'라고 불렀으며, '수리'가 '솔'이 되었고 여기에 나무를 붙여서 소나무가 되었다. 옛날 우리 조상들은 아기가 태어나면 소나무 가지를 건 금줄을 치고, 배고플 땐 소나무껍질(송기)을 벗겨 죽을 쑤어 먹고, 추석날 솔향기가 가득한 송편을 먹고, 소나무로 집을 짓고, 죽으면 소나무 관

에 누워 소나무 숲에 묻혔다. '사람은 태어나서 죽을 때까지 소나무와 함께한다'는 옛말이 틀린 말은 아닌 것 같다.

우리나라 전통 소나무는 곧고 키가 크며 습기에 강하다. 뒤틀리지 않으며 벌레도 먹지 않고 오랫동안 변하지 않는다. 우리나라 사람들이 가장 좋아하는 나무이며 겨울이 되어도 잎을 떨어뜨리지 않고 푸른 기백을 유지하기 때문에 강인한 선비의 기상을 나타낸다. 조선백자를 구울 때 소나무로 불을 때야 순백색이 나온다. 금강산을 중심으로 자라는 '금강송'을 '춘양목'이라 하는데, 금강송을 탐낸 일본 사람들이 금강송을 베어 운반할 목적으로 만든 기차역 이름인 춘양역에서 따온 이름이다.

소나무 종류는 잎으로 분류할 수 있다. 잎이 두 개인 수종으로 '홍송(금강송)'과 '곰솔(해송)'이 있는데, 잎이 부드러운

것은 홍송이고 그래서 여송이라고도 한다. 잎이 억세고 잎끝이 강한 것이 곰솔인데 또한 '남송'이라고도 부른다. 잎이 세 개인 수종으로는 '리기다소나무'가 있는데 리기다소나무는 기둥에서도 잎이 돋아난다. 잎이 다섯 개인 수종으로 잣나무와 오엽송 등이 있다. 요즘 소나무가 소나무재선충병에 걸려 전국적으로 비상이다. 빨리 해결되어야 하겠다는 마음이 간절하다.

다음은 참나무과 나무에 대해 알아보자. 보통 도토리가 열리는 나무를 참나무과라고 부른다. 참나무과는 어떤 한 가지 수종을 지칭하는 말이 아니라 그 구분이 명확하진 않으나 보통 도토리가 열리는 나무 수종들이 참나무라고 지칭하여 불리고 있다. 우리나라에는 참나무과가 제일 많이 분포되어 있다. 참나무과는 글자 그대로 진짜 나무라는 뜻으로, 산중동

물들에게 훌륭한 먹잇감을 제공한다. 도토리는 흉년엔 많이 열리고 풍년엔 적게 열린다. 아마 기후 때문인 것 같다. 옛날엔 흉년에 훌륭한 식량이 되기도 했다.

그럼, 참나무과 육형제에 대해 알아보자.

첫 번째 굴참나무는 수피가 두꺼워 굴피집, 코르크마개를 만드는 데 사용된다. 도토리는 2년에 한 번 열리고 굴참나무로 구워낸 숯은 품질을 최고로 친다.

두 번째로 떡갈나무는 나뭇잎에서 소독성분이 있어 팥떡을 쌓는 데 사용하여 '떡갈'이라는 이름이 붙여졌다. 잎 껍질이 두껍고 가장 크며, 도토리의 크기 또한 가장 크다. 도토리는 매년 열리고 묵, 국수 등을 많이 해 먹는다. 잎은 낙엽이 되어도 한겨울 내내 붙어 있다가 새싹과 동시에 떨어지곤 한다.

세 번째로 상수리나무는 조선 선조임금 때 상수리 열매로 임금님 수라상에 올렸다고 '상수리 나무'라 일컫는다. 도토리는 2년에 한 번씩 열리곤 한다.

네 번째 신갈나무는 옛날에 짚신 밑창에 깔고 신었다 하여 신갈나무라고 부르는데 참나무과 중 우리나라에 제일 많이 분포되어 있다. 도토리는 매년 열리고 제일 일찍, 제일 많이 열린다. 신갈나무 도토리는 옷감 염색에 사용되기도 한다.

다섯 번째로 졸참나무는 참나무과 중에서 잎이나 열매가 가장 작아 졸참나무라 불린다. 도토리는 매년 열리고 맛이

가장 좋다. 나무기둥에 표고버섯을 기를 때 사용된다.

여섯 번째 갈참나무는 참나무과 중에서 조합을 가장 잘하고 다른 나무들 보다 물을 가장 많이 저장하여 가뭄, 홍수에 좋다. 목재는 누런색으로 마루판이나 펄프 원료로 쓰이고 도토리는 매년 열린다.

이상으로 참나무과 육형제에 대해 알아보았다. 이렇듯 산에서 무심히 보는 소나무, 참나무과도 자세히 알고 나면 다시 한 번 더 눈이 가고 관심이 생기게 된다. 산행 시 나무의 종류를 한번 찾아보는 것도 쏠쏠한 재미가 있을 것 같다. 나무 한 그루 한 그루가 얼마나 소중하고 우리에게 많은 것을 주는가를 알 수 있다. 이제부터라도 나무를 함부로 대해서는 안 되겠다는 생각이 들지 않은지. 이렇게 나무는 모든 것을 우리에게 다 주는데 우리도 베풀고 비우는 연습을 하여야 한다. 법정스님의 말씀이 생각난다.

'버리고 비우는 일은 결코 소극적인 삶이 아니라 지혜로운 삶의 선택이다'

오늘부터라도 나무에게 더 가까이 가야겠다.

나무를 사랑합시다.

사철나무, 목련나무

봄을 깨우는 나무들

봄바람이 살랑살랑 온 세상을 흔들어 깨운다.

어느새 찾아온 봄기운이 생동감 넘치는 꿈을 가득 심는다. 봄은 기운에서 온다. 봄기운이 느껴진다. 봄이 꼬물거리는 것 같다. 움츠러들었던 모든 것들이 새롭게 꿈틀거릴 것 같다. 봄이 오는 소리는 들리지 않지만 간질간질 간지럼을 태우면서 오는 봄은 느낄 수 있다. 나뭇가지에 붙어 있는 작은 잎들이 금방이라도 기지개를 켤 것만 같다. 하늘을 쳐다보며 봄을 기다린다. 봄의 색은 어떻게 표현할 수 있을까? 초록일까 아니면 분홍색일까. 초록으로 물들기 시작하면 온 대지에 생기가 돈다. 그래서 봄은 설렘이다. 아름다움을 연출한다.

지나간 일을 하나씩 지우면서 새로운 일들을 새롭게 시작하는 봄은 우리에게 희망과 새로운 미지의 세계를 개척해가는 시기이다.

초록 하면 백양산 임도 중간쯤 양 옆으로 빽빽하게 심어진, 사시사철 늘 푸른 사철나무 군락지가 생각난다. 항상 그곳을 지나면 '변함없다'는 사철나무의 꽃말이 떠오른다. 쉽게 변하는 우리들 마음에 비하여 꽃말의 뜻이 진하게 전해진다. 사철나무는 한국, 중국, 일본이 원산지로 중부 이남 바닷가 산기슭에 비교적 흔하게 자란다. 공해에 대한 저항력이 아주 강한 나무로, 특히 바닷바람과 소금기에 강하여 바닷물

에 닿아도 피해를 입지 않는다. 미국의 캘리포니아 주에는 100년 전부터 바닷가에 정원수나 울타리로 사철나무를 심었다는 기록이 있다. 사철 내내 잎이 푸르다고 사철나무다. 옛 이름 '동청(冬靑)' 역시 겨울에도 푸른 나무란 뜻을 지니고 있다. 봄이면 연둣빛 꽃향기를, 여름이면 짙푸른 녹음을, 가을이면 선홍빛 열매를, 겨울이면 백설도 마다않고 푸름을 이어가는, 비가 오나 눈이 오나 언제나 푸르른 정감 가는 나무다. 조선시대 전통 양반 가옥의 안채와 사랑채 사이에는 손님이 왔을 때 안채가 바로 보이지 않도록 취병(翠屛)이라는 가리개 시설을 만들었다. 이때 생울타리로서 사철나무로 심었다. 사철나무의 나무껍질은 한방에서 '화두충(和杜冲)'이라 하며 이뇨, 혈액 순환제로 많이 쓴다.

또한 사철나무는 독도가 연상되는 나무이기도 하다. 독도에서 가장 오래된 식물인 동도 천장로 위쪽의 고목 사철나무는 일본이 독도를 몰래 자기네 땅에 편입시킨 1905년 전후 태어난 것으로 추정된다. 아마 새가 울릉도에 있는 사철나무 열매를 따 먹고 독도까지 날아가 배설하여 독도 땅에 심어지지 않았나 생각한다. 경상북도에서는 이 나무를 독도 수호목으로서 보호수로 지정하고 있다. 독도 수호목 지정은 일본의 독도 영유권 도발에 맞서 독도의 실효적 지배를 강화하기 위한 조치로 보인다. 세심하게 관리, 보호해야겠다.

군락지를 조금 지나 위쪽으로 좀 올라가면 오행 약수터가 나온다. 약수터엔 정수시설이 설치되어 있어 수질이 항상 양호하다. 편안한 마음으로 약수를 쭉 들이켠다. 상쾌하다. 약수터 주위의 하얀 목련이 다소곳이 인사를 한다. 봄볕 아래 유백색으로 빛나는 목련을 보고 있으니 그 고매한 기품이 단연 꽃 중에 으뜸이다. 목련은 백목련과 자목련의 두 가지가 있다. 중국에서는 백목련을 '옥란(玉蘭)', 또는 '옥수(玉樹)'라

고 한다. 꽃이 옥처럼 희다고 붙인 이름이다. 자목련은 '목란(木蘭)'이라고 한다. 때에 따라서는 두 가지를 다 목련 또는 목란이라고 한다. 그 향기가 난초의 향과 같다고 하여 붙인 이름이다. 목련의 겨울눈 준비는 남다르다. 겉 갈색의 긴 털이 촘촘히 덮여 있어서 겨울의 추위를 잘 견뎌내도록 설계했다. 꽃눈은 거의 북쪽을 향하고 있다. 그래서 북향화라고도 부른다. 꽃봉오리의 아랫부분에 남쪽의 따뜻한 볕이 먼저 닿으면서 세포분열이 반대편보다 더 빨리 이루어져 자연스럽게 꽃이 북쪽을 향하게 되지 않았나 싶다. 『동의보감』에는 목련을 '신이(辛夷)', 우리말로 붓꽃이라 하여 꽃이 피기 전에 꽃봉오리를 따서 약재로 사용했다.

목련은 한라산이 고향이며 백록담 밑에서 군데군데 피어 있는 자연산 목련을 볼 수 있다. 재래종 목련은 꽃잎이 좁고 완전히 젖혀져서 활짝 피는 반면, 중국산 목련은 꽃잎이 넓고 완전히 피어도 반쯤 벌어진 상태이다. 5월 말쯤 숲속에서 잎이 난 다음 꽃이 피는 함박꽃나무(산목련)를 북한에서는 '목란(木蘭)'이라 부르는데, 북한 국화로 알려져 있다. 또 목련꽃 피는 모양은 농사에 대한 지표도 되는데 꽃이 위로 향해 오랫동안 피면 그해 풍년이 들고 위로 향해 있던 꽃이 아래로 향하면 비가 온다고 한다. 잎이 진 후 나오는 화살촉 모양의 회갈색 눈이 마치 붓과 같다고 하여 '목필(木筆)'이라 부르며 꽃봉오리가 작은 복숭아처럼 털이 있어 '후도(侯桃)', 꽃이 가장 일찍 피기 때문에 '영춘(迎春)' 등 이름도 다양하다. 백목련의 꽃말은 '이루지 못할 사랑' 자목련은 '자연애'이다.

이처럼 나무들은 봄에 다시 꽃을 피우기 위하여 겨울눈을 봄에 준비하지 않고 눈보라가 휘몰아치는 한겨울에 준비한다. 우리도 어려울 때일수록 삶을 축척하는 지혜를 나무에게서 배워야 하지 않을까?

개잎갈나무, 산벚나무

성지곡수원지의 수목들

상쾌한 아침이다. 오늘은 성지곡수원지로 발길을 옮긴다.

간밤에 소낙비가 한줄기 지나더니 풀잎마다 구슬 같은 이슬이 맺혀 있다. 나뭇잎들도 아침햇살을 받아 더욱 투명한 초록빛으로 변해 있다. 이런 아침에는 왠지 모르게 저절로 기분이 좋다. 이렇게 맑은 공기와 자연을 접하게 되니 몸에서 엔도르핀이 솟구친다. 입구에 들어서니 몇 백 년은 된 개잎갈나무가 떡 버티고 서 있다. 위용이 대단하다. 사람으로 치면 씩씩한 기상을 뜻하는 개잎갈나무는 일반인들에게는 '히말라야시다'라는 이름으로 친숙하며, 소나무 대용으로 심을 수 있는 아름다운 수형의 나무이자 세계3대 공원수로 꼽

히는 유명한 나무이다. 설송(雪松)이라고도 불리며 늘 푸른 잎과 아름다운 수형 때문에 교목(校木)으로도 많이 지정되기도 한다. 이 개잎갈나무는 놀랍게도 신비로운 생명의 힘을 지니고 있어, 고대 이집트인들은 이 나무열매에서 기름을 추출하여 미라에게 발랐는데 이 기름 덕분에 몇 백 년이 가도 미라가 좀처럼 썩지 않고 보존될 수 있었다. 참 대단한 나무이다.

오른쪽으로 조금 오르면 산벚나무가 양 옆으로 서 있다. 화려한 벚꽃은 다 떨어뜨리고 푸른 잎만 눈부시다. 산벚나무는 일반 벚나무와 다르게 꽃과 잎이 동시에 핀다. 또 수피가 거의 세로로 갈라지는 다른 수종과 달리 산벚나무는 가로로 갈라지기 때문에 빨리 알아볼 수 있다. 나무줄기를 따라 개미들이 줄을 지어 올라간다. 잎자루에 있는 붉은 꿀샘의 꿀을 먹기 위해서다. 꿀은 늘 나오는 게 아니고 개미가 꿀샘을 살살 건드리면 나온다. 꽃이 아니라 잎에서 꿀을 만드는 것이 좀 특이한데, 개미를 불러서 잎을 보호하려는 의도이다. 5월이면 애벌레들의 천국이 된다. 5월의 새잎은 부드러워 애벌레들이 가장 먹기 좋다. 애벌레들의 가장 큰 천적은 새이고 다음은 개미이다. 개미를 불러들여 꿀을 조금씩 나누어주고 애벌레를 막으려는 작전으로 벚나무와 개미가 서로 상부상조하는 것이다. 벚나무 열매(버찌)도 너구리, 새 등 동물들이 먹고 배설하면 멀리 이동하여 종족을 번식시키는 수단이 된다. 이렇게 가만히 생각해보면 자연이 하나씩 우리를 일깨워준다. 또 합천 해인사에 있는 팔만대장경 경판의 65%가 이 산벚나무로 제작되었다. 나무의 재질이 균일하고 비중이 0.6 전후로 너무 무르지도 단단하지도 않기 때문에 글자 새기기에 최적격이고 잘 썩지 않기 때문이다.

산벚나무 지대를 통과하면 성지곡수원지 대표 수종인 편백나무 군락지이다. 오래된 편백나무가 쭉쭉 뻗은 모습은 질서정연한 군대사열을 보는 것 같다. 편백나무는 피톤치드를 가장 많이 내는 수종으로 소나무의 3배 이상을 낸다. 아주머니 두 분이 편백나무 밑에서 무언가 열심히 줍고 있다. 다가가 물어보니 편백나무 열매를 주워 베개를 만든단다. 편백나무는 스트레스 해소, 아토피성 피부질환 등에 대한 면역기능 증대, 새집증후군 제거 및 생리 활성화 등 효능이 있다. 편백나무 숲은 그저 걷기만 하는 숲이 아니다. 빽빽한 나무가 뿜어내는 짙은 나무 향으로 삼림욕을 하며 머물러 쉬거나 이야기를 나누면서 삶의 고단함을 잠시 내려놓을 수 있는 숲이다. 걸으면서 생활 속 긴장과 스트레스를 날려 보내고 맑은 공기로 몸과 마음을 새롭게 할 수 있는 공간. 편백나무 숲은 온통 수직의 세상이다. 편백나무들이 곧게 서서 하늘을 찌를 듯 서 있는 숲에서 심신의 안정을 느낄 수 있다. 식물이 만들

어낸 오염 안 된 산소와 음이온이 가득한 공기, 그리고 피톤치드와 같은 갖가지 물질이 우리에게 유익함을 준다.

일주일에 한 번이라도 숲길을 걸어보자. 확연히 몸에 변화가 온다. 오늘부터라도 우리 가까이 있는 숲길부터 걷자.

탱자나무, 매화나무

추억과 기품을 읽다

비온 뒤라 공기가 맑다. 심호흡을 해본다. 상큼한 공기가 폐부 깊숙이 가슴을 깨끗하게 씻겨준다. 맑은 바람도 살랑살랑 분다. 가슴이 깨끗하니 발걸음도 가볍다.

오늘은 지하철 2호선 가야역에 내려 엄광산 쪽으로 향한다. 가야로 LED 옹벽벽화가 눈에 확 띈다. 도심의 칙칙한 옹벽에 예술의 옷을 입혀 또 다른 볼거리다. 삭막한 옹벽이 문화의 숨결이 살아 숨 쉬는 공간으로 변신하였다. 멋진 착상이다. 이것이 문화로 이어지는 길목이 아닐까 생각한다.

산행 초입에 탱자나무 울타리가 가시로 무장한 채 접근을 막고 있다. 요즘은 도심에서 보기 힘든 탱자나무 울타리이

다. 탱자나무는 어릴 적 추억이 많은 나무다. 친구네 집 골목길 옆 담장에는 긴 탱자나무 울타리가 있었다. 우리는 그곳에서 자주 놀았다. 탱자나무 가시로 다슬기 속을 파먹던 일이며, 하얀 탱자꽃이 피는 5월경 탱자나무 가시에다 작고 하얀 꽃의 뒤꽁무니를 따 얹어, 팔랑개비처럼 빙빙도는 탱자나무꽃으로 놀던 일이 생생하다. 10월경 열리는 노란 탱자열매를 한 움큼 따서 방에 놓아두면 향기가 온방을 진동했다. 향수를 일으키는 나무다.

탱자나무는 운향과에 속하는 낙엽교목으로 높이 약 3m가량 자라며 5cm 정도의 가시가 있다. 가시는 줄기가 변한 것

이라서 머리에 해당하는 몸통의 껍질과 함께 찢어질지언정 따로 떨어지지 않는다. 꽃은 5월경 흰색으로 은은한 향기와 더불어 핀다. 열매는 귤과 비슷한 둥근 액과이다. 익은 열매는 '지각'이라 부르고 어린 열매는 '지실'이라 하여 약재에 사용한다. 기를 돌게 하고 소화기능을 활발하게 하는 효능이 있어 진통제, 해열제, 이뇨제로 사용한다. 호랑나비의 먹이식물이기도 하다. 날카로운 가시가 특징이어서 옛날엔 귀양온 죄인이 달아나지 못하도록 울타리로 사용했으며, 민속에서는 저승사자의 출입을 막기 위해 심었다고 전해진다. 열매가 익으면 아카시향과 비슷한 향이 나서 방향제로 많이 사용했다. 꽃말은 '추억'이다.

저만치 붉은 홍매화와 하얀 매화꽃이 맑은 향기를 뿜으며 은은하게 봄을 피우고 있다. 매화는 찬 기운이 가시지 않은 봄의 문턱에서 가장 먼저 꽃소식을 전하는 봄의 전령사이다. 겨울에도 푸름을 잃지 않는 소나무(松)와 대나무(竹), 그리고 눈 속에서도 꽃을 피우는 매화(梅), 이 송죽매 셋은 '서한삼우(歲寒三友)'라 불리며 시인 묵객의 사랑을 독차지한 나무이다. 또 '매난국죽'이라 하여 동양화에 단골로 등장한 나무이기도 하다.

옛 부인들은 절개의 상징인 매화와 댓잎을 비녀에 새긴 매화잠(梅花簪)을 머리에 꽂았다. 미덕을 언제나 마음속에 다징하는 표식이다. 매화의 고고함은 한국화폐에서 잘 드러나 있다. 1,000원 권 지폐에서 고산서원과 매화의 모습을 찾아볼 수 있고, 최고액권인 50,000원 권에도 매화가 그려져 있다. 이렇게 매화는 추운 겨울을 이겨내고 눈 속에서 피어나면서도 그윽한 향을 이웃에 퍼뜨린다. 고결한 선비의 참모습이다.

중국 당나라 고승 황벽선사의 시구에도 등장한다.

불시일번한철골(不是一番寒徹骨)
쟁득매화박비향(爭得梅花撲鼻香)

"한번 매서운 추위가 뼛속에 사무치지 아니하면 어찌 코를 찌르는 매화향기를 얻을 수 있으리오."

그윽한 향기를 풍기는 이면에는 매서운 추위에 맞서 뼈를 깎는 아픔을 겪고 이겨내는 인고의 시간이 숨어 있다. 진흙 속에서 피어나는 연꽃이 불교를, 향기로운 세상을 채우는 백합이 기독교를 상징하듯 유교를 상징하는 꽃이 매화다. 옛날 기생의 이름 중에 매향, 매화, 월매, 매월 같은 이름이 많은 것은 매화의 상징인 고결함, 인내, 절개, 지조를 나타내기 때문이다. 꽃말도 '기품과 품격'이다.

우리나라에서는 150살 이상이 된 매화나무를 '고매'라고

부르는데, 이에 해당하는 고목이 여럿 있다. 전남 장성 백양사의 천연기념물 제486호 홍매는 자태와 향기가 유명하다. 수령 350살 정도로 추정되며 고불총림 백양사의 명칭을 더하여 '고불매'라는 고유이름을 가지고 있다. 구례 화엄사의 천연기념물 제485호 '백매(수령 450살 추정)', 순천 선암사의 천연기념물 제488호 '선암매(수령 450살 추정)', 강릉 오죽헌의 천연기념물 제484호 '율곡매(수령 600살 추정)' 등이 유명하다.

매화의 열매인 매실은 건강식품으로 각광을 받고 있는데, 과육 속의 씨는 종자 번식을 위하여 일정한 독소(아미그달린)를 지니고 있어 취급 시 주의를 요한다. 많은 사람이 살구와 매실을 잘 구별하지 못한다. 살구는 잘 익으면 향기롭고 먹음직스럽지만 매실은 익어도 시큼하다. 매실이나 살구 모두 열매 속에 딱딱한 씨가 들어있는데 이 씨와 과육이 잘 분리되지 않는 게 매실이고 살구는 씨와 과육이 잘 분리된다.

이처럼 주변에 흔히 있는 나무 한 그루 한 그루도 자세히 알아보면 다시금 그 나무에 대해 애정이 가고 눈여겨보게 된다. 모든 나무들이 우리에게 아무런 보상이나 요구 없이 그저 베풀기만 하고 많은 가르침과 도움을 주는 얼마나 고마운 존재인가.

아주 신선한 오후 한때를 숲속에서 잘 보내고 왔다.

팔손이나무, 생강나무

소생의 봄,
가슴에 물기를 적시다

완연한 봄날이다. 만물이 소생한다. 많이 듣던 문구가 새삼 떠오르는 건 사계절 중 봄이 제일 그리워서다. 봄(春)은 원래 풀을 나타내는 '초(艸)' 아래에 '어려울 준(屯)', 다시 그 아래에 해를 뜻하는 '날 일(日)'이 원형이다(萅). 이 한자의 핵심 요소는 준(屯)이다. 이 글자가 있으므로 해서 초목이 추운 겨울을 견디고 새순을 틔워내는 인고 끝에 봄이 왔음을 알 수 있다.

또한 봄 춘(春)이라는 글자에는 '술'이라는 뜻도 포함하고 있다. 중국에서는 당나라 때부터 고급술 이름에 춘(春)을 붙였다. 우리나라에도 산사열매로 빚은 산사춘이 있고 전북익

산 여산면은 호산춘이라는 토속주가 유명하다. 봄이 인고의 겨울을 견딘 뒤에 오듯이 술로 익기까지는 오랜 숙성 시간이 필요하다. 이처럼 봄(春), 한 글자에도 깊은 내력이 숨어 있다. 또 봄에 피는 꽃향기를 가리켜 '문향(聞香)'이라고 옛 선인들은 말했다. 꽃향기는 맡는 것이 아니고 듣는 것이라고. 이 얼마나 운치 있는 말인가.

오늘은 개금 지하차도를 지나 가야벽산아파트 뒤 엄광산으로 오른다. 개금 지하차도 벽면에 부산진구 구목(배롱나무), 구화(철쭉), 구조(까치) 사진이 그림과 함께 붙어 있다. 부산진구에 오래 살면서도 처음 알았다. 다시 한 번 배롱나무, 철쭉, 까치를 생각해본다.

초입에 팔손이나무가 여덟 손가락을 활짝 편 채 햇빛에게 손짓하고 있다. 팔손이나무는 두릅나무과에 속하는 상록관목으로, 경상남도 남해와 거제도 등 해변의 산골짜기에서 자란다. 꽃은 10~11월에 황백색으로 피며 열매는 다음해 5월에 흑자색으로 익는다. 팔손이나무라는 이름은 잎이 손바닥 모양과 같이 7~9갈래로 갈라진 데서 생긴 것이며, 남부지방에서는 정원수로 많이 심는다. 조류유인 식물로서 열매를 새들이 즐겨 먹으므로 새들이 씨를 퍼뜨리며 대개 숲속에 흩어져 자란다. 또 팔손이나무는 인체에 유익한 음이온을 내뿜는 대표적인 나무다. 농촌진흥청 연구결과에 따르면 팔손이나무

가 내뿜는 음이온은 1㎥당 1,000개가 넘는다고 한다. 공기 중에 음이온은 산소공급의 속도를 높여 상쾌함을 느끼게 해준다. 공기 중에 음이온이 많으면 산소가 풍부한 혈액이 뇌세포에 공급되어 자율신경이 안정된다. 자연스럽게 혈압과 맥박이 안정되어 집중력 향상에 도움을 준다. 아이들 공부방에 두면 적합한 수종이다.

팔각금반(八角金盤)은 팔손이나무의 뿌리와 잎을 말한다. 어혈 제거, 거담 제거, 진통 효과가 탁월하나 독성식물이므로 복용 시 주의를 요한다. 통영 비진도의 팔손이나무 자생지는 천연기념물 제63호로 지정하여 보호하고 있다. 꽃말은 '비밀', '기만', '교활'이다.

조금 지나니 키 큰 잣나무 위에서 청솔모란 놈이 커다란 잣을 이리저리 돌려가며 잣 껍데기를 까고 있다. 가까이 다가가 사진을 찍어도 아랑곳하지 않는다. 오히려 꼬리를 쳐들고 빤히 쳐다본다. 그놈 참 맹랑한 놈이다. 청솔모는 우리가 아는 외래종이 아닌 우리나라 토종동물이다. 본 명칭은 '청서'인데 털이 많이 쓰여서 청설모라 부른다. 조선시대부터 지금까지 붓을 만드는 원료로 청설모 꼬리털을 이용했다. 다람쥐와 다른 점은 겨울잠을 자지 않고 나뭇가지 사이에 까치집보다 작은 집을 지어 지낸다. 이에 반해 다람쥐는 땅속에 집을 짓고 입구를 나뭇잎으로 위장하여 겨울잠을 잔다.

정상 부근에서 샛노란 생강나무를 만난다. 마른 나뭇가지에 노란 눈이라도 쌓인 듯 붙어 있는 눈송이처럼 화려한 꽃잎이 귀엽고 사랑스럽다. 사나운 계절을 통과하고 봄소식에 목마를 때 가장 먼저 갈증을 달래주는 꽃이 생강나무 꽃이다.

생강나무는 녹나무과의 낙엽관목으로 암수딴그루다. 잎이 나기 전에 자잘한 노란색 꽃이 꽃자루 없이 가지에 촘촘히 붙어서 우산처럼 둥글게 모여 핀다. 높이는 2~3m 정도로 자란다. 생강나무 꽃은 그 피는 모양에 따라 한 해의 농사를 미리 점친 '농은목' 구실도 했다. 꽃이 많이 피면 풍년이 들고 띄엄띄엄 피면 흉년이 들겠다고 염려했다고 한다. 나무 곁에 가도 아무 냄새를 맡을 수 없는데, 잎이나 가지에 상처가 생기면 생강냄새가 나서 생강나무라는 이름이 붙었다. 야산 등에 쉽게 분포하여 자생하며 '황매목'으로도 부른다. 개화기는 3~4월이며 결실기는 9월이다. 쥐눈이콩알만 한 붉은색의 둥근 열매가 점차 검은색으로 변하여 익는다. 열매로 기름을 짜서 부인들의 머릿기름으로 사용했다. 생강나무 잎은 꽃이 진 후에 돋아나는데 싹이 나와 참새의 혓바닥만할 때 따 말렸다가 차로 이용했다. 그래서 차의 일등품인 작설차(雀舌茶)의 이름을 따 붙여서 생강나무 차를 '작설차'라고도 한다.

노란 생강나무 꽃을 뒤로하고 하산한다. 이렇게 봄 숲속을 걷고 나니 몸과 마음이 아주 개운하다. 봄을 접하니 모든 꽃들과 새싹들이 꿈틀댄다.

나도 기지개를 켜고 나 자신의 삶을 찬찬히 들여다보아야겠다. 역시 봄은 내 가슴에 물기를 돌게 한다.

홍가시나무, 화살나무

부산시민공원의 수목들 1

봄비가 자주 온다. 온 대지가 푸름을 더한다. 하늘도 푸르고 땅도 푸르다. 살랑살랑 부는 바람까지도 푸르다. 나무도 풀도 비를 흠뻑 머금고 힘찬 발돋움을 한다. 상쾌한 마음으로 부산시민공원으로 향한다. 시민공원은 유치원생에서부터 나이 많으신 어르신까지 부산시민이 많이 찾는 대표적인 공원이다. 접근성이 용이하고 다양한 문화시설 및 콘텐츠로 이루어져 있다. 이런 공원을 가질 수 있는 시민은 행복하다. 공원 입구부터 천지간에 꽃이다. 붉은 영산홍, 하얀 철쭉, 노란 유채꽃, 수선화, 붓꽃, 하얀 이팝나무의 꽃까지 눈길 가는 곳마다 온통 꽃사태다. 겨울 동안 얼어붙었던 땅에 따뜻한 햇

살과 부드러운 바람결, 촉촉한 물기가 내리니 굳게 닫혔던 나무와 꽃들의 문이 활짝 열리고 있다. 이렇게 화사한 봄은 내 가슴에 물기를 돌게 한다.

눈앞에 홍가시나무가 상의의 화려한 붉은 옷을 입고 도열해있다. 그 옆에는 붉은 영산홍이 시샘하듯 만개하여 불꽃 군락을 이루고 있다. 멋진 조화다. 홍가시나무는 장미과 상록활엽 소교목이다. 관상용으로 잎이 새로 자랄 때와 단풍이 들 때 붉은 빛이 돌기 때문에 홍가시나무라 한다. 속명 '포타니아'는 그리스어로 '빛나다'라는 뜻으로 '포테이노'에서 유래되었다. 새싹 잎이 빨간색이며 광택을 띠어 붙여진 이름이다. 수고는 3~8m, 수피는 갈색 또는 검은색을 띤 갈색이고 세로로 불규칙하게 갈라지며 비늘조각처럼 벗겨진다. 잎은 어긋나고 긴 타원형에서 도피침형이며 가장자리에 잔 톱니가 있고 털이 없다. 떡잎은 일찍 떨어진다. 잎의 모양은 상록성인 참나무과의 가시나무와 비슷하다. 꽃은 5~6월경에 피고 백색이며 원추꽃차례로 달린다. 꽃받침 조각과 꽃잎은 5개씩이다. 관상용 또는 생울타리로 심으며 목재는 세공재로 쓴다. 이명으로 붉은순나무, 홍가시라고도 부른다. 새싹이 나는 봄에 새순이 붉게 나는 모습이 아름답다. 꽃말은 '검소'이다.

홍가시나무 군락을 지나니 특이한 줄기의 나무들이 모여 있다. 화살나무다. 화살나무는 노박덩굴과에 속하는 낙엽관목이다. 키는 3m 정도 자라며 전국 각지 양지바른 산기슭에서 자라는 갈잎떨기나무로 가지는 회색, 어린 가지는 녹색이다. 화살나무의 큰 특징으로 나무줄기에 두 줄에서 네 줄까지 달린 코르크질의 날개를 들 수 있다. 초식동물로부터 새순을 보호하기 위한 방어용인 듯하다. 가지의 날개를 귀신이 쓰는 화살의 날개란 뜻의 '귀전우'라 한다. 이 날개가 마치 화살에 붙어있는 날개의 모양과 같다고 하여 화살나무라 부른다. 가지의 날개를 태운 재를 가시 박힌 곳에 바르면 가시가 쉽게 빠져나간다고 하여 가시나무라고도 한다. 지방에 따라서는 날개의 모양이 예전에 머리를 빗던 참빗을 닮았다고 하여 '참빗나무'라고도 부르며 '홑잎나무'라고도 한다. 또 단풍이 비단같이 아름답다고 하여 '금목(錦木)'이라는 이름으로도 불린다.

연한 초록색의 꽃은 5월경 잎겨드랑이에서 취산꽃차례를 이루며 무리지어 핀다. 관목으로는 드물게 가을에 잎이 붉게 물들어 붉은 색의 열매와 잘 어울린다. 열매를 새가 먹는 것으로 알려져 새를 불러들이기 위한 조경나무를 정원이나 공원에 흔히 심고 있다. 음지에서 잘 자라지만 해가 비치는 곳에서도 잘 자란다. 어린잎은 식용하는데 봄에 홑잎나물을 세 번 뜯어 먹으면 부지런한 며느리로 칭찬받던 그 나물이다.

화살나무에는 '케르세린'이라는 성분이 함유되어 있다. 케르세린 성분은 체내 다른 세포들을 손상시키는 활성산소를 제거해주어 암세포 성장을 억제하는 효능이 있다. 특히 위암과 식도암 예방에 도움이 된다고 한다. 또 어혈은 풀어주고 피가 잘 돌게 도움을 준다. 어린 줄기에는 '싱아초산나트륨'이란 성분이 함유되어 혈당을 낮추기에 당뇨병에 좋다. 화살나무 우린 물을 꾸준히 마시면 신경안정에 도움이 되어 우울증, 불면증에 효과가 있다.

화살나무는 세 가지 특징에 놀란다고 한다. 첫 번째는 나뭇가지의 특이한 생김새인 화살 날개 모양의 코르크가 있는 것에 놀라고, 두 번째는 10월에 붉게 물드는 나뭇잎을 보고 놀라며, 세 번째는 주홍색의 아름다운 열매가 터져 나오는 것을 보고 놀란다고 한다. 또 화살나무를 잘라 진짜 화살을 만들기도 하였으며 줄기가 단단하여 지팡이도 많이 만들었다. 목재는 치밀하고 인장강도가 높아 나무못과 같은 특수용도나 세공재로 쓰였다. 번식은 꺾꽂이(삽목)하는 것이 가장 좋으며 씨를 받아 파종도 가능하지만 종자가 비교적 오래 휴면하는 특성이 있어서 보통 씨앗이 발아하는 데 3년이 걸린다. 햇빛을 좋아하는 양수지만 그늘에서도 잘 자라며 곁줄기도 많이 나오고 전정(剪定)에도 잘 견디며 병충해에도 강하다. 여러 가지 장점을 가진 조경수이다. 꽃말은 '위험한 장난'이다.

이렇게 시민공원을 한 바퀴 돌고 나니 마음이 상쾌하다. 꽃의 화장세계와 푸름 녹음이며 새들의 합창소리, 부전천, 전포천의 물고기며 오리들이 노는 모습이 정겹다. 어디를 가도 깨끗하다. 세심하고 깨끗한 공원 관리에 노력한 시설공단 노고에 감사를 표하고 싶다. 우리 모두가 공원에 애착을 갖고 잘 가꾸고 지켜야겠다.

오늘도 나무, 꽃들과 대화하고 행복한 눈요기를 하고 간다.

녹나무, 후박나무

부산시민공원의 수목들 2

오늘은 부산시민공원 남문으로 향한다. 입구를 지키는 보물, 녹나무가 안내판과 함께 눈에 확 띈다. 부산에서 가장 큰 녹나무이며 수령이 100년이 넘는 희귀 나무이다. 시청 주변 자원재활용센터 마당에서 발견되었고 도로공사로 잘려 나갈 위기에 처했던 것을 소유자의 기부로 부산시민공원에 옮겨 심어 새 생명을 얻게 되었다. 어른 가슴 정도의 높이에서 두 갈래로 갈라져 위쪽으로 곧게 뻗은 줄기와 약간 치우쳐 자란 줄기가 하늘로 뻗어 우거진 수관을 형성하고 있다. 추정 가격이 약 1억5천만 원이 넘는 보물나무로 현재 부산광역시 보호수로 지정되어 있으며 부산시민공원 남문 입구를 지키는 대표적인 조경수목이라 할 수 있다.

녹나무는 어린 가지가 녹색을 띠어 붙여진 이름이다. 한자로는 樟(녹나무 장)이며 향장목(香樟木)으로도 부른다. 어머니와 같은 넉넉한 품과 그늘을 만들어 누구든지 품어주어 '어머니 나무'로도 불린다. 사계절 내내 푸른 상록활엽수로서 뿌리면 뿌리, 잎이면 잎, 가지면 가지 등 버릴 것이 하나도 없는 귀중한 나무이다. 그 효능도 다른 나무에 비해 좋다. 장유 성분이 있어 토막 내어 수증기로 증유하면 '정유'라는 기름을 얻을 수 있다. 정유는 '장뇌'라고도 부르는데, 방광염, 신경쇠약 등의 치료에 사용되며 또한 향료와 방충제 등을 만드는 원료로도 쓴다. 이외에도 암세포의 생존율을 감소시키고 전이를 억제하는 효과가 있으며 '베타인'이라는 성분이 있어 피부 미용에도 좋다. 녹나무 잎을 달여 마시면 감기, 두통, 불면증 완화에 효능이 있고 잎을 입욕제로 사용하면 혈액순환, 피로회복 등의 효과가 있다.

녹나무 향기는 자극적이기는 하지만 진정 효과가 있어 우울증 증상을 완화하고 기분을 고양시킨다. 벌레들이 이러한 자극적인 녹나무 향기를 싫어하여 옛날부터 의류 방충제로 이용되어 왔다. 벌레나 부패 등에 강하여 불상을 만들거나 배를 만들 때 사용된다. 요즘은 천연 수제비누 원료로 이용되기도 한다. 또 잎이 두껍고 밀도가 높아 일본에서는 교

남문
South Gate
부산시민공원

통 소음을 줄이려고 가로수로 많이 심는다. 우리나라에는 제주도에서 주로 자라 제주도 '도목'으로 지정되어 있다. 현재 남해의 150년 된 녹나무와 제주도의 200년, 250년 된 고목 두 그루가 보호수로 지정되어 있다. 일본 규수 다케오 신사에는 수령이 약 3,000년에 이르는 녹나무도 있다.

녹나무 뒤편으로는 후박나무들이 사방으로 줄지어 서 있다. 아직 활착이 덜 되어 조금 빈약한 모습이지만 곧 후박나무 본연의 모습을 볼 수 있을 것 같다. 후박나무는 녹나무과의 교목으로, 사철 푸른 상록활엽교목이며 우리나라가 원산

지로 알려진 세계적으로 희귀한 수종이다. 잎자루에 다섯 개 혹은 일곱 개의 두툼한 잎사귀가 달려 있다. 마치 사람의 손처럼 보이기도 하는데 어릴 적 아픈 배를 밤새 문지르면서 “내손은 약손”이라고 하시던 할머니의 따뜻한 손처럼 느껴진다. 제주도 방언으로 '반두어리'라 부른다.

5~6월에 피는 연노랑 꽃은 은은한 향기를 머금은 아주 정결하고 기품 있는 꽃이다. 연꽃처럼 낮에는 꽃잎을 열었다가 해가 기울면 닫는데, 청아하고 소담스러우며 은은한 향기가 멀리까지 퍼져나간다. 9~10월에 맺는 빨간 열매는 물론 줄기와 뿌리의 껍질(후박피)까지 한약재로써 귀한 대접을 받는다. 껍질은 위환, 구토, 설사 치료약으로 효과가 있다. 원목은 가구나 선박재로 널리 쓰인다. 이처럼 후박나무는 온몸을 아낌없이 내준다. 후덕한 인품과 꾸밈없이 검소하고 진솔한 삶을 뜻하는 이름(厚朴)처럼, 후박나무에게 인품과 삶의 자세를 배워야겠다. 꽃말은 '모정'이다.

이렇게 시민공원은 다양한 나무들이 즐비하나 옮겨온 나무들의 활착이 덜 되어 우거진 공원으로 거듭나기 위해서는 더 많은 시간과 노력이 필요할 것 같다. 철저한 관리와 유지 방안 등으로 푸르른 녹음을 만들어 부산시민의 품에 안겨야 할 것 이다. 우리 모두가 더 많은 애정을 가지고 시민공원을 사랑하고 가꾸어 나가야겠다.

백합나무, 라일락나무

4월의 나무들

봄비가 한두 번 내리고 나니 온 대지가 움직인다. 땅에서 숲에서 나무에서 바람에서까지도 봄내음을 한껏 느낀다. 4월이다. 4월을 순우리말로 표현하면 '새싹달' 또는 '잎새달'이라 한다. 물오른 나무들이 저마다 잎을 돋우는 달이라는 의미로 붙여진 것인데 기나긴 겨울을 지나 봄꽃을 기다리는 우리의 마음처럼 따스함과 정겨움을 담고 있어 친근함을 더해준다.

출근길 개금사거리 육교에 경축 '부산 어린이대공원 산림욕장 아름다운 숲'이란 축하 글씨가 눈에 확 들어온다. 어린이대공원 성지곡 산림욕장 편백나무 숲은 산림청이 선정한 제17회 아름다운 숲 전국대회에서 아름다운 숲 공존상을 수

상했다. 전국 110곳이 신청하여 최종 9곳이 선정되었다. 선정 사유로 어린이대공원은 약 10ha 규모의 울창한 편백나무 숲이 울창하게 조성되어 있고, 숲속에 맑고 청정한 수원지를 품고 있으며, 이곳 편백나무 숲은 인근 지역보다 월등히 높은 농도의 피톤치드(94.5mg/㎥)를 내뿜는 치유 공간이라는 점이 주효했다. 이런 곳이 우리 부산진구에 있다는 것이 얼마나 자랑스럽고 뿌듯한지. 오늘 새삼 어린이대공원을 다시 찾아가본다.

살랑살랑 봄바람까지 분다. 빽빽한 편백나무 숲에서 한껏 심호흡을 하니 엔도르핀이 팍팍 솟는 것 같다. 입구에 있는 여러 수종의 나무들이 봄물을 먹어 생기가 넘쳐난다. 그중 백합나무가 나에게 인사를 한다. 백합나무는 목련과의 낙엽활엽교목으로 1925년경에 도입, 국내 각지에 심었으며 생장 속도가 매우 빠르고 수형도 긴 편이다. 튤립 같은 꽃이 피어 튤립나무라고도 하며 미국에서는 포플러처럼 빨리 자라는 속성 때문에 '노란 포플러'라고도 부른다. 나무가 너무 높아 꽃이 언제 피는지 유심히 보지 않고는 잘 모른다. 햇빛을 받으면 연두, 노랑 그리고 주황빛이 꽃잎에 배어나오는데 그 모습이 마치 등잔 같아서 다음 해가 또 기다려진다. 잎 모양은 얼굴을 가릴 만큼 크고 여우의 얼굴을 닮아 아이들과 가면놀이를 하기도 좋다. 가을이면 노란 단풍이 들어 아름답기

그지없다. 속성수로 나무 높이가 최고 60m, 둘레가 10m까지 자랄 수 있으며, 공해에도 강하고 병충해가 거의 없어 공원수나 가로수 등으로 많이 심는다. 꽃말은 '조용'이다.

또 봄 하면 라일락 꽃향기를 모두가 잊지 못할 것 같다. 라일락은 뜰에 있는 관목 또는 작은 교목으로서, 봄이면 향기롭고 아름다운 꽃을 피운다. 우리말로 수수꽃다리다. 아름다운 나무 이름 뽑기 대회라도 한다면 금상은 따 놓은 당상인 이름이다. 꽃이 마치 수수 같다는 뜻의 순우리말이다. 라일락은 4~5월 중순경 연보라색과 하얀 빛깔의 작은 꽃들이 뭉게구름처럼 모여 핀다. 조금 멀리 떨어져 있어도 라일락 향기가 금방 코끝을 자극한다. 어둠이 내리면 향기는 더욱더 강해진다. 영어권에서는 '라일락'이라 부르며 프랑스에서는 '리라'라고 부른다. 1947년 미 군정청 소속 식물 채집가 '엘윈.M.미터'가 북한산에서 우리 토종식물인 털회개나무 씨앗을 받아 본국으로 가져가 개량하여 '미스김 라일락'이라 이름 붙이고 전 세계로 보급하였다. '미스김 라일락'이라는 이름은 당시 식물 자료 정리를 도왔던 한국인 타이피스트의 성을 따서 붙였으며, 현재 한국으로 역수입되고 있다. 종자 확보 전쟁에서 한 발 늦은 우리가 타산지석으로 삼아야겠다.

수수꽃다리는 정향나무, 개회나무, 꽃개회나무, 섬개회나무, 털개회나무, 버들개회나무 등과 생김새가 비슷하여 혼동해

서 부르는 일이 많고 종의 이름이 대부분 정리되지 않고 있다. 시급히 정리할 필요가 있다. 꽃말은 '친구의 사랑', '우애'이다.

이렇게 아름다운 우리말 나무 이름들을 살펴보면 수수꽃다리(라일락), 솜다리(에델바이스), 버즘나무(플라타너스) 등이 있다. 우리말 이름으로 부르면 친근하게 느껴지고 그 뜻도 쉽게 알 수 있다. 이젠 아름다운 우리말로 나무 이름을 불러야겠다. 그래야 나무에 대해 더 많은 애정이 생기지 않을까 생각해본다.

리기다소나무, 서어나무

더불어 사는 지혜를 만나다

5월에 부는 솔바람이 정겹다. 계곡물 소리도 정겹다. 산새들 소리도 함께 정겹다. 산새 소리는 단순한 자연의 소리가 아니라 생명이 살아서 약동하는 소리요, 자연이 들려주는 아름다운 음악이다. 자연의 소리를 들어야 한다.

오늘은 백양산 나들숲길 6코스 꽃내음길이다. 백양터널 옆 계곡 쪽으로 올라간다. 산벚꽃, 노란 개나리, 파란 제비꽃, 노란 수선화, 하늘색의 별처럼 조그만 꽃들이 언덕 허리에 밤하늘 은하수처럼 촘촘히 피어 있다. 큰개불알꽃이다. 하도 작아 앉아서 자세히 보니 여간 사랑스럽지 않다. 힘겹게 추운 겨울을 참고 제일 먼저 봄을 알리는 전령사 풀꽃이다. 열매 모양이 개 불알을 닮았다고 해서 큰개불알이란 이름이 붙여졌다고 한다. 이름이 민망하여 요즘은 '봄까치꽃'이라 바꿔 부른다. 북한에서는 왕지금꼬리풀이라 부른다는데, 지금(地錦), '땅에 드리운 비단'이라니 훨씬 아름다운 이름이다. 이 계절에 만나는 화사한 꽃 세상이 경이롭다. 향기도 그윽하다.

조금 오르니 소나무 기둥에 솔잎이 듬성듬성 붙어 있다. 리기다소나무이다. 백양산에 유난히도 리기다소나무가 많다. 60년대 말에서 70년대 초까지의 산림녹화사업으로 많이 심은 것 같다. 당시 수종으로 리기다소나무, 아까시나무, 상수리나무, 오리나무 등 성장 속도가 빠른 속성수들을 많이 심었다. 리기다소나무는 소나무과의 상록 침엽교목이다. 맹아력이 강하여 원줄기에서 짧은 가지가 나와 잎이 달려서 다른 소나무와 쉽게 구분된다. 잎이 3개씩 달리고 비틀어진다. 종자에 날개가 있어 바람에 의해 번식한다. 건조한 곳이나 습지에서도 잘 자라고 송충이 피해에도 강하며, 다른 소나무와 달리 베어도 다시 움이 나므로 사방조림용에 적당하다. '삼엽송'이라고도 부른다.

조금 오르니 옥수정 약수터가 보인다. 이 옥수정 약수터는 약 40년 전 아버님께서 손수 만든 곳이다. 개인적인 추억이 서려 있다. 당시 아버님께서는 비가 오나 눈이 오나 매일 옥수정에 올라 청소도 하고 옆쪽으로 조그만 텃밭도 가꾸셨다. 텃밭에 심은 상추, 고추 등을 배낭에 넣어 오셔서 손수 지으셨다며 많이 먹으라고 하시던 것이 선하다. 반은 산짐승에게 빼앗기고 남은 반 정도를 수확하신다고 하셨는데, 산짐승과 나누어 먹는 기쁨도 함께 누리신 것 같았다. 여름엔 식구들이 모여 계곡에 몸도 담그고 수박도 먹던 추억이 새록새록 묻어난다. 그래서 옥수정에 정이 참 많이 간다. 약수 한 모금 들이켜고 나도 약수터 주위를 청소해본다. 청소를 하면서 아버님의 채취를 느낀다.

옥수정을 뒤로하고 정상으로 오른다. 허리쯤 높이로 서어나무와 오리나무가 한데 엉켜 서로 의지한 채 자라고 있다. 연리지다. 연리지는 서로 가까이 있는 두 나무가 자라면서 하나로 합쳐지는 현상을 일컫는 말이다. 땅 아래의 뿌리는 둘이면서 지상에 나온 부분은 그렇게 한 몸이 되는 것이다. 신기한 것은 한 번 연리지가 된 가지는 두 번 다시 떨어지지 않는다는 것이다. 서어나무는 자작나무과의 낙엽활엽교목이다. 서쪽에 있는 나무란 뜻의 한자말 '서목'을 우리말로 '서나무', '서어나무'이라 부르게 된 것으로 짐작된다. 한자로 견풍건(見風乾)이라고 한다. 나무껍질은 회색이고 근육처럼 울퉁불퉁하다. 그래서 '근육나무'라고도 한다. 꽃은 암수한그루이고 5월에 피며 미상꽃차례를 이루며 달린다. 잎보다 꽃이 먼저 피는데 암꽃은 위쪽에, 수꽃은 아래쪽에 늘어진다. 웅화

수, 자화수라고도 부른다. 주로 산 속이나 평지에서 자라며 꽃의 색깔은 황적색, 꽃말은 '재물'이다.

숲도 시간이 지나면서 변화를 겪는다. 이를 가리켜 '숲의 천이'라고 하며 맨 마지막 단계에서 최상의 상태를 유지한 숲을 '극상림'이라고 부른다. 서어나무는 이 극상림을 구성하는 마지막 주자 중 하나이다. 한국의 경우에 대표적으로 양수에 해당하는 것이 소나무이고 음수에 해당하는 것이 일차적으로 참나무과 종류이며 서어나무는 음수에서도 이차적으로 나타난다. 결국 서어나무가 크게 자리 잡고 있는 숲은 우리나라 산림에서 천이의 마지막 단계인 극상에 도달했다는 뜻이 된다.

서어나무와 오리나무가 서로 기대어 다툼 없이 의지한 채 살을 섞어 살아가는 모습이 정말 아름답다. 우리도 저 서어나무와 오리나무처럼 공생하며 살아가는 방식을 배워야겠다. 조금씩 양보하고 더불어 사는 것이, 어떤 아픔이라도 넉넉하게 감싸 안아줄 것 같은 원숙한 삶의 지혜가 아닐까?

오늘도 자연에 안겨 마음을 맑게 씻고 간다. 하산 길에 막걸리 한잔으로 다리쉼을 하여야겠다.

수양버들, 미선나무

봄을 나르는 솜털과 꽃향기

비온 뒤 새벽공기가 폐부 깊숙이 파고든다. 상큼하다. 하늘까지 짙푸른 바다색이다. 음력 스물일곱 날의 그믐달이 반긴다. 유난히도 파란 하늘에 하얗고 깨끗한 눈썹달이다. 그믐달은 수줍은 처녀처럼 가련하고 새벽이라 보는 이가 적어 더 애처롭게 느껴진다. 그믐달 건너편에 초롱초롱 밝은 별 하나가 마주보고 있다. 그믐달과 서로 바라보며 소곤소곤 말을 한다. 금성이 아닐까?

오늘은 시민공원으로 향한다. 옛 전포천 옆에 푸른 머리를 바닥까지 늘어뜨리고 바람에 머리를 살랑살랑 흔들며 수양버들이 나를 반긴다. 소월의 시 〈실버들〉이 생각난다.

"실버들을 천만사 늘어놓고서 가는 봄을 잡지도 못한다 말인가! 이 내 몸이 아무리 아쉽다기로 돌아서는 임이야 어이 잡으랴."

수양버들의 다른 이름이 실버들이다. 가지 늘어지는 버들은 우리나라에 버드나무, 수양버들, 능수버들이 있다. 모두 좁고 긴 잎과 가느다랗고 연약한 가지를 가지고 있다. 버드나무는 대체로 어린 가지만 늘어지고 또 길게 늘어지지 않아 다른 버들과 구별된다. 그에 반해 중국이 고향인 수양버들과 우리나라 특산인 능수버들은 출신지가 달라도 외모는 거의 똑같다. 소녀의 풀어 헤친 생머리처럼 가는 가지가 길게 늘어져서 거의 땅에 닿을 정도다. 수양버들은 잔가지가 적갈색이며 씨방에 털이 없고 능수버들은 잔가지가 황록색이며 씨방에 털이 있는 것이 이 둘의 차이점이다. 옛사람들이 버들(柳)이라고 부른 경우는 대부분 수양버들이다. 그 옛날 연인과 헤어질 때 마지막 이별 장소는 흔히 나루터였다. 피어오르는 물안개에 눈물을 감추고 나루터에 흔히 자라는 버들가지를 꺾어 주면서 가슴과 가슴으로 사랑을 주고받았다. 버들의 억센 생명력을 빌려 여행하는 사람의 평안과 무사를 기원하는 일종의 주술적인 뜻도 있다. 가로수나 풍치수로 많이 심는 수양버들은 중국 수양산 근처에 많다고 하여 수양버들로 불린다. 가지가 가늘고 실같이 늘어지는 모양이 아름다운 여인에 비유되어 천안삼거리의 수양버들은 노래가사까지 올라 있다.

가지를 유지(柳支), 잎을 유엽(柳葉), 꽃을 유화(柳花), 뿌리를 유근(柳根), 나무껍질을 유백피(柳白皮), 털이 달린 씨를 유서(柳緖)라 하며 모두 약으로 쓴다. 이쑤시개를 '요지'라는 일본말로 부르기도 하는데 '요지'는 즉, 한자로 '버드나무 가지'라는 뜻이다. 통증 완화에 효과적인 성분 때문에 아스피린의 원료로 추출한다. 치통이 심할 때 버드나무 가지를 이 사이에 문질렀다는 옛 문헌 기록도 남아 있다. 봄이 되면 하얀 솜뭉치 같은 것이 바람에 날아다닌다. 꽃가루가 아니라 씨가 바람을 타고 멀리 날아갈 수 있도록 하는 솜털이다. 이 솜털 씨가 호흡기 질환이나 피부염을 일으켜 다른 수종으로 바꿔 심고 있는데, 수나무만 골라 심으면 아름다운 나무를 우리 곁에 두고 감상할 수 있지 않을까 생각한다. 꽃말은 '슬픔'과 '평화'다.

부전천 한가운데 몟목 오리집이 아담하게 떠 있다. 오리들의 자맥질에 파장이 일면서 구름도 따라 일렁인다. 작년에 새끼를 부화하여 숫자도 많이 늘었다. 시민공원의 또 다른 볼거리로 자리매김을 하지 않을까 싶다.

공원역사관 앞에 미선나무가 하얀 꽃을 피웠다. 꽃향기가 바람이 불어가는 쪽으로 춤을 추며 날아다닌다. 미선나무는 물푸레나무과에 속하는 낙엽활엽관목으로 키는 1m 정도 자라며 가느다란 가지는 밑으로 처진다. 꽃은 3~4월에 흰 꽃이 잎보다 먼저 피며 가을에 익는 열매는 동그란 부채 미선(尾扇)을 닮았다. 미선은 옛날 궁중행사 때 시녀들이 들던 부채인데, 그 때문에 미선나무라는 이름이 붙었다. 가지나 꽃 모양은 개나리를 많이 닮았는데 꽃 색깔이 흰색이고 개나리보다 작으며 피는 시기도 빠르며 향기도 좋다. 전 세계적으로 우리나라에만 자생하는 1종1속밖에 없는 희귀식물이다. 우리나라에서만 자라는 종이 더러 있기는 하지만 미선나무처럼 속 전체가 세계 어느 곳에도 없고 오직 우리 강산에만 자라는 경우는 흔치 않다. 이런 점 때문에 관련 전공학자들은 물론 우리 모두 크나큰 관심을 갖게 된다.

미선나무는 1924년 미국의 아놀드 식물원에 보내지면서 세계적으로 알려지게 되었으며 1934년에는 영국 큐 식물원을 통하여 유럽에도 소개되었다. 충북 진천에 자생하는 미선나무와 괴산에 자생하는 미선나무는 천연기념물로 지정되었다. 미선나무 자체가 천연기념물이 아니라 미선나무 자생지가 천연기념물이다. 흰색 꽃이 피는 것이 기본 종이며, 분홍색 꽃이 피는 것은 분홍미선, 상아색 꽃은 상아미선, 꽃받침이 연한 녹색을 띠는 것은 푸른 미선, 열매 끝이 패지 않고 둥글게 피는 것을 '둥글미선'이라 부른다. 꽃말은 '선녀'다.

이처럼 요즘 시민공원은 꽃과 나무의 향연이다. 나무는 네 번 꽃을 피운다. 첫 번째는 물어볼 것도 없이 문자 그대로 꽃이요, 두 번째는 잎이라는 꽃을 피우고 세 번째는 단풍이라는 꽃이고 네 번째는 겨울의 잎 없는 가지의 눈꽃(雪花)을 피운다.

오늘도 나무와 꽃과 말없이 대화를 하면서 공원을 거닐고 간다. 행복이 충만하다.

여름

두 번째

여름에 만난 나무들

여름이 오면 나무들은
뜨거운 대지를 식혀주고 시원한 바람을 만들어주며
피톤치드를 가장 많이 내뿜어 온갖 새들에게 낙원을 제공한다.
나무가 없는 여름을 생각해보자. 얼마나 삭막할까.
온 대지가 푸르다 못해 파란 쪽빛 세상이다.
나무들이 쑥쑥 자라는 소리가 들린다.
가장 활발하게 움직이는 계절이다.

주목나무, 이팝나무

부산진구청의 수목들

여름의 길목인 6월 풍경은 어느 하나 아름답지 않은 게 없다. 이맘때 세상을 색으로 표현하면 파랑과 초록이다. 6월 하늘을 쳐다보며 초록이 가장 활성 하는 요즘 그 빛깔도 좋다. 유난히도 예쁜 구름들 때문에 자꾸 보게 된다. 또 6월은 눈이 시리도록 푸른 이파리들을 솔바람에도 하늘대며 숲속의 나무들이 낯을 씻고 환호하는 달이다. 오늘은 부산진구청에 들러본다.

정문 앞에 화려한 꽃으로 꽃밭이 잘 꾸며져 있다. 양 옆에 커다란 주목나무 두 그루가 의젓하게 보초를 서고 있다. 2014년 7월 1일 민선 6기 취임기념 및 제6회 다산 목민대상

본상수상 기념 하계열 청장의 기념식수다. 주목나무는 주목과에 속하는 상록교목이다. '살아서 천년, 죽어서 천년'이라는 주목나무는 백년이 되기 전까지는 10m 내외의 높이로 자라다가 백년이 되는 시점부터 생장이 빨라진다고 한다. 껍질도 붉고 속도 붉고 꽃도 붉어서 붉을 '주(朱)'를 쓴 붉은 나무, 주목나무다. 겉과 속이 같은 변치 않는 존재를 상징할 때 주목에 비유하기도 한다. '노가리나무'라고도 하며 잎의 너비가 3㎜ 이상인 것을 '화솔나무', 가지가 옆으로 기면서 자라는 '눈주목(누운 주목을 뜻함)' 등이 있다. 키가 약 16m까지 자라 서양주목과 비슷하게 보이지만 이보다는 내한성이 강하며 빨리 자란다. 각 잎의 아래쪽에는 두 줄의 노란색 띠가 뚜렷하게 나타난다. 줄기 옆에 달린 가지를 꺾꽂이 하면 그 식물체는 옆으로 기면서 자라는 관목이 되나, 줄기 윗부분에 달린 가지를 꺾꽂이 하면 실물체는 곧추서고 대칭을 이룬 원뿔 모양으로 자란다. 현재 구청에 심은 나무 형태와 같다.

미국 B.M.S사가 주목 껍질에서 추출한 '파클리 탁셀'이라는 성분으로 '택솔'이라는 항암제를 만들어 더욱 유명해졌다. 변재는 좁은 흰색이고 심재는 홍갈색이어서 구분이 쉽게 되며 결이 고르고 광택이 좋아 용구재, 조각재 및 세공재로 널리 쓰인다. 중앙박물관에 보관 중인 낙랑고분의 통나무관 재료도 주목이고 주목으로 만든 바둑판은 최상품으로 친다. 강원도 정선 두위봉에 우리나라에서 가장 오래된 주목 세 그루가 있다. 가운데 있는 맏형의 나이가 자그마치 1,400살에 이르며 지름은 세 아름이나 된다. 천연기념물 제433호로 지정되어 있다. 소백산 정상의 주목 군락도 천연기념물 제244호로 지정되어 보호받고 있다. 그늘에서도 잘 자라며 도시의 공해에도 잘 견디고 나무 생김새가 보기에 좋아 관상용으로 정원이나 공원에 흔히 심는다. 뿌리가 얕게 내리기 때문에 옮겨심기가 힘들다. 꽃말은 '고상함', '명예'다.

부산진구청에서 나와 영광도서 쪽으로 내려오면 도로 양옆에 하얀 이팝나무가 마치 하얀 눈이 쌓인 듯 아름다움을 과시하고 있다. 이팝나무는 물푸레나무과에 속하는 낙엽활엽교목이다. 키는 20~30m까지 자라고 지름도 몇 아름이나 되는 큰 나무이다. 5월 중순경이면 파란 잎이 보이지 않을 정도로 새하얀 꽃으로 뒤덮인다. 소복소복 꽃을 뒤집어쓰는 보기 드문 나무이다. 가느다랗게 넷으로 갈라지는 꽃잎 하나하나는 마치 뜸이 잘든 밥알같이 생겼고 이들이 모여서 이루는 꽃모양은 멀리서 보면 쌀밥을 수북이 담은 흰 사기그릇을 연상케 한다. 꽃의 여러 가지 특징이 이밥, 즉 쌀밥과 관련이 있어 '이밥'을 세게 발음하여 '이팝'으로 바뀐 것이다. 또 이 꽃이 절기상 입하(立夏) 즈음에 피어난다 해서 '입하나무'로 부르던 게 이팝나무로 바뀌었다는 설도 있다.

우리나라에서 가장 크고 꽃이 아름답기로 유명한 이팝나무는 경남 김해시 주촌면 천곡리 신천에 있는 높이만 17m의 약 500년 된 나무다. 천연기념물 제307호 지정되어 있다. 대부분 정자목이나 신목(神木)의 구실을 하였으며 꽃이 피는 상태를 보고 한 해 농사를 점쳤다. 습기가 많은 곳을 좋아하는 이팝나무의 꽃이 많이 피고 오래 가면 물이 풍부하다는 의미가 되어, 이와 같은 경우에는 풍년이 들고 반대의 경우는 흉년이 든다. 이런 나무를 우리는 '기상목' 혹은 '천기목(天氣木)'이라 하여 다가올 기후를 예보하는 지표 나무로 삼았다. 차나무처럼 어린잎을 따서 비비고 말리기를 몇 차례 하면 좋은 차로 즐길 수 있고, 어린잎을 나물로 먹기도 한다. 이암나무, 뻣나무, 유소수(流蘇樹) 등 이름도 다양하다. 꽃말은 '영원한 사랑'이다.

요즘은 미세먼지가 난리다. 온 거리에 마스크를 끼고 다니는 사람이 무척 많다. 확실히 지구가 몸살을 앓고 있다. 이런 환경은 우리가 자초한 셈이다. 숲을 많이 조성하여 지구를 살려야 한다. 숲이 곧 지구의 허파 구실을 한다. 숲이 많이 조성된 도시를 생각해보라. 얼마나 청량하고 맑은가. 새들의 울음소리, 물소리, 바람소리까지도 색깔이 있는 소리를 내지 않을까? 자연의 숨결을 느낄 수 있는 도시를 만들어야겠다.

연꽃, 향나무

도심에서 만난 생태하천과 향기 숲

오늘은 부산시민공원 북문으로 향한다. 북문은 예전에 하야리아 부대 정문이 있던 곳이다. 감회가 새롭다. 오른쪽으로 부전천이 흐르고 있다. 부전천은 동천의 지류이자 대표적 부산도심 하천의 하나로 그동안 하천의 일부가 공원 부지 내에 하수관 형태로 남아 있었으나 복원 공사 과정을 거쳐 생태하천으로 거듭나게 되었다. 연꽃, 부들, 수련, 창포 등 수생식물들이 조화를 이루면서 양 옆으로 자리매김을 하고 하얀 오리 세 마리가 서로 경주하듯 헤엄치며 논다. 그 옆에 흰 백로 한 마리가 물속에서 열심히 먹이를 줍고 있다. 그동안 생태계가 많이 복원된 듯싶다. 도심에서 백로를 보니 괜히 기분

이 좋아진다.

하얀 연꽃과 수련이 청순한 여인의 모습으로 다소곳이 하늘을 향해 손을 내밀고 있다. 연꽃은 인도와 이집트가 원산지로 진흙탕 속에서도 자랄 수 있으며 물에 젖거나 더럽혀지지 않아 깨끗하고 아름답게 피는 고귀한 꽃이다. 세속을 초월한 듯한 청아함과 고결함을 풍기는 모습으로 인해 유가(儒家)에서는 꽃 중의 군자인 '화중군자'라 칭한다. 불교에서는 불교를 대표하는 상징물이자 부처님의 진의를 그대로 담고 있는 진리의 꽃, 즉 '법의 꽃'이며 부처 및 극락정토를 상징하기도 한다. 연꽃의 종의 종류에는 홍련, 백련, 수련 등이 있다. 일반적으로 연은 잎이 크고 뿌리를 식용할 수 있는 홍련, 백련을 말하는데 모두 '수련과식물'이다. 수련은 낮에 잠을 자는 연꽃이라 붙여진 이름이며 종류가 다양하고 크기가 작다. 연꽃은 동이 틀 무렵부터 부지런히 꽃잎을 열어 아침에는 활짝 피고 해질 무렵 꽃잎을 오므린다. 돌아가신 법정스님은 조그만 차 종이에 녹차를 넣어 저녁 무렵 연꽃이 오므리기 전 꽃 속에 넣었다가 아침에 필 때 꺼내 그 차를 달여 마시면 은은한 연향을 느낄 수 있다며 최고의 차로 인정하셨다. 이 얼마나 기발한 착상인가!

또 연잎은 아주 넓어 광합성이 왕성하다. 표면엔 무수한 '돌기'가 있어 비가 내려도 잎이 젖지 않고 표면장력에 의해

물방울이 모여 구르는 것도 돌기 때문이다. 그래서 비가 와도 연의 광합성은 계속된다. 연잎의 이런 왕성한 광합성 덕분에 오염된 진흙 속의 연근도 썩지 않는다. 또한 광합성을 돕기 위해서는 유기물을 끊임없이 공급해야 하는데 흙탕물 속에서 유기물을 공급받는다. 연근이 흡수하는 유기물들은 인이나 질소 등인데 이는 물과 토양을 썩게 한다. 이 오염 물질들이 연의 생명 활동을 유지시켜주며, 오염 물질을 정화함으로써 자신의 생명이 유지되고 아름다운 꽃을 피우는 것이다. 연의 정화 기능은 부레옥잠의 4배, 물배추의 2배로 알려져 있다. 게다가 이 오염 물질을 흡수해 인간에게 이로운 단백질, 무기물, 철분 등을 만들어낸다. 연 줄기는 속이 비어 있어 잎과 뿌리 사이에 물자가 왕성하게 오갈 수 있다. 연근에도 공기주머니가 반이다. 연은 곧으면서도 그 속을 적당히 비웠기 때문에 맑음을 유지할 수 있다. 우리도 연처럼 삶을 비울 줄 알아야 맑음을 유지할 수 있지 않을까. 연의 꽃말은 '순결'과 '청순한 마음'이다.

왼편으로 다가가니 '향기의 숲'이 나온다. 하야리아 부대 안에 자라던 가이즈카향나무를 옮겨 심어 신선한 향기의 숲을 만들었다. 가이즈카향나무는 '나사백'이라고도 부른다. 이 이름은 옆 가지가 불꽃 모양의 나선형으로 굽어서 나기 때문에 붙여졌다. 공해에 강하여 완충식재로 이용되고 수형 조절이 가능하기 때문에 독립수 및 기념식수로 좋은 수종이다. 또 내병성과 내공해성이 강해 정원수, 공원수 등 식재용으로도 이용된다. 일제강점기 이후 우리나라에 많이 심어졌다.

옛날에는 고급 주택 정원에 주로 심던 나무라서 부러움의 대상이 되기도 했다. 심신을 편안하게 하는 향나무 숲을 걸으면서 옛 기억과 함께 휴식을 취해 보는 것도 좋을 듯싶다. 이렇게 시민공원은 옛것을 잘 활용하여 숲 공원도 만들고 미군 장병들이 쓰던 막사나 초소를 살려 문화예술촌, 도서관, 역사관, 갤러리 등 다양한 문화공원으로 활용한 점 또한 높이 평가받을 만하다. 여기서 한걸음 더 나아가 음악, 연극, 미술 등 다양한 장르의 문화공연을 기획하여 부산시민이 보다 더 가까이 다가갈 수 있도록 해야겠다. 또한 도심 한가운데 흐르는 부전천과 전포천을 살려 생태계가 복원된 공원으로 거듭나게 하면 금상첨화일 것이다.

청미래덩굴, 자귀나무

7월, 숲과 동화하며 삶을 돌아보다

파란 하늘에 흰 구름들이 그림을 그리고 있다. 움직이는 그림이다. 소나무, 사람 얼굴 풍경화 등 그림의 종류도 다양하다. 올해는 여름이 일찍 찾아온 것 같다. 푸름이 절정에 달한다. 푸름을 더하니 내 마음도 푸르다. 푸른 마음으로 숲을 보니 더욱더 푸르다. 초록이 우거진 숲에서 풋풋한 숲 향기가 풍겨오는 것 같다. 숲의 향기를 맡고 숲의 맥박에 귀를 기울여본다. 저만치서 뻐꾸기가 짝을 부르는 건지 번갈아가며 울고 있다. 덩달아 꿩이란 놈도 우렁차게 운다. 산비둘기 두 마리도 열심히 모이를 찾고 구구대며 운다. 이렇게 산새들의 소리는 여름 숲의 청량함을 더해준다.

오늘은 초읍에서 성지곡수원지 자드락길을 향한다. 하얀 나비가 개망초를 따라 하늘하늘 길잡이를 하고 있다. 개망초는 흔히 계란 꽃 또는 계란프라이 꽃이라 불린다. 앙증맞다. '망초'라는 이름은 우리나라가 망할 때 들어와 전국에 퍼진 풀이라 하여 붙여진 이름이란다. 식물이름에 '개'자가 들어가면 '더 볼품이 없다'는 뜻인데 개망초는 다른 것 같다. 망초보다 더 예쁘다.

그 양 옆에서 청미래덩굴이 햇살을 받으며 반짝반짝 윤기 있는 얼굴로 초록색 열매를 매달고 반긴다. 청미래덩굴 하면 어릴 적 망개떡 장수의 목소리가 생각난다. 떡 통 두 개를 긴

자루에 끼워 어깨에 메고 "망개~떠억" 하던 소리가 아련한 추억으로 떠오른다. 청미래덩굴은 백합과에 속하는 덩굴성 관목이다. 산지의 숲 가장자리에서 자라며 굵고 딱딱한 뿌리줄기가 구불구불 옆으로 길게 뻗어간다. 줄기는 마디마다 굽으면서 2m 내외로 자라고 갈고리 같은 가시가 있다. 잎은 어긋나고 원형, 넓은 달걀 모양, 또는 넓은 타원형이며 두껍고 윤기가 난다. 열매는 둥글며 지름이 10m 정도고 9~10월에 붉은색으로 익는다. '명감' 또는 '망개'라 하는 이 열매는 식용한다. 주성분인 다오스신 등의 스테로이드 사포닌과 사포제인 등은 몸 속 독을 풀어 피를 맑게 하는 효과가 있어 약재로 사용한다. 염증을 다스리고 부종에도 효험이 있다. 뿌리에 굵다란 혹이 생기는데 이것을 '토복령(土茯苓)'이라고 한다. 속에 흰 가루 같은 전분이 들어 있어 흉년에 대용식으로 먹기도 했다. 또한 토복령은 위장을 튼튼하게 하고 피를 맑게 하는 해독작용이 있다고 알려져 있다. 잎은 '금강엽'이라 하며 어린 순은 나물로 무쳐 먹고 잎은 쌈으로 먹는다. 큰 잎은 여름철에 떡을 보존하는 천연식품 보조제로 사용했다.

경상도에서는 망개나무로 부르고 전라도에서는 종가시덩굴, 황해도에서는 매발톱가서, 강원도에서는 참열매덩굴로 부른다. 또 청미래덩굴은 불을 때도 연기가 잘 나지 않고, 비에도 잘 젖지 않아서 도피하거나 은거할 때 땔감으로 썼다고 한다. 이렇게 산에서 흔히 보는 청미래덩굴도 알고 보면 귀한 식물이다. 지방자치단체에서는 보호수로 지정하고 있다. 꽃말은 '장난'이다.

저 멀리 공작새가 분홍색 날개를 펼친 듯한 아름다운 꽃을 피운 자귀나무가 손짓한다. 자귀나무는 장미목 콩과에 속하는 낙엽활엽 소목이다. 온도에 반응하는 나무로 더운 낮에는 잎이 양쪽으로 벌어져 있다가 온도가 내려간 밤중이면 잎이 접히기 때문에 낮과 밤의 잎 모양이 다르다. 밤에 잎을 닫고 휴식을 취하는 모습이 귀신이 와서 자는 것 같다고 하여 '자귀나무'라 이름을 지었다. 그래서 일본에서는 '잠자는 나무'라고 부른다. 식물학에서는 식물 생장에 의한 수면운동으로 보지만 옛날 사람들은 부부의 야합을 떠올려 합할 '합'에 기뻐할 '환'자를 써서 '합환수(合歡樹)', '합혼수(合婚樹)', '야합수(夜合樹)', '음정수(陰整數)' 등 남녀 간의 애정을 의미하는 명칭을 붙였다. 또 열매가 콩 꼬투리처럼 생겼는데 가을날 바람이 불 때 이 꼬투리들이 부딪히는 소리가 여자들 수다 소리와 같다 하여 '여설수(女舌樹)'로 불리는 등 별칭이 다양하다. 또 자귀나무는 장마가 시작되는 시기를 알려주는 나무로 알려져 있다. 자귀나무 꽃의 개화는 6월 초부터 시작하여 8월 말까지 지속된다. 여름 꽃의 전형적인 모습을 보여주고 100여 일간 화려하게 피어난다.

자귀나무는 우리네 농경생활과도 밀접한 관계를 맺고 있다. '자귀나무 움이 트면 늦서리 걱정 없이 곡식을 파종하고 첫 꽃이 피면 팥을 심어라'라는 말이 있을 정도로 농가에서 사랑받던 나무이다. 또 시골에서는 '소가 자귀 잎을 좋아해 짜구나도록 먹는다' 하여 짜구대나무라 하였다. '자귀'라는 이름과 관련한 다른 설도 있다. 두견새를 '자규새'라고도 부르는데, 봄밤에 밤새 울어대는 두견새의 서러운 울음마다 피 한 방울이 맺히고 그 한 맺힌 피 한 방울이 꽃으로 피어난 것이 진달래꽃, 나무로 피어난 것이 자귀나무라는 것이다. 민간속설에 의하면 자귀나무 꽃을 말려서 베개에 넣어두면 부부 금실이 좋아진다고 한다. 결혼하면 금실이 좋아지라고 마당에 심기도 했다.

자귀나무는 '덕'과 '지'가 있는 나무다. 꽃이 공작새의 꼬리처럼 활짝 피는 것은 한여름 녹음 속에서 나비나 풍뎅이들이 길 잃지 말고 찾아와 먹이를 구하라는 배려(덕)의 모습이다. 비오는 날이나 밤이 되면 잎사귀들이 오므라드는 것은 빛이 사라지면 더는 광합성의 욕망을 펼치지 않고 멈출 줄 아는 '지'를 보여준다. 쓸데없이 욕망하지 않고 누군가의 것을 빼앗아 나를 채우지 않는 자귀나무의 가르침이 우리에게 절실히 요구되고 온전히 배워야 할 덕목이 아닌가 싶다. 꽃말은 '환희'이다.

이처럼 숲과 동화하면서 내면을 들여다보고 마음의 균형을 찾는 것이 중요하다. 7월 여름 숲의 청량한 정기를 가슴으로 받아들여 잠시 도시의 짐을 벗고 숲속 교향곡을 감상한다. 초록 나무들과 함께 싱그러운 여름을 보면서 심화된 삶을 가꾸어 나가야겠다. 오늘도 숲에서 행복을 맛보고 간다.

먼나무, 개살구나무

짙푸른 녹음의 계절

후덥지근한 날씨다. 올해는 여름이 일찍 5월경부터 시작되어 30℃를 넘나들었다. 확실히 지구가 몸살을 앓고 있는 듯하다. 자연히 생태계도 변하는 것 같다. 오늘은 10여 년 전에 귀농한 지인의 산촌으로 초대를 받았다. 첫 몇 해는 무척 고생하여 몇 번이가 포기하려고 하더니 이제는 잘 적응하여 나무, 꽃, 과수원 등과 조화를 이루어 멋지게 귀촌 생활을 하고 있다.

도착하니 하늘에 햇무리가 원을 그리며 반갑게 맞아준다. 햇무리는 구름 속에 있는 얼음알갱이에 빛이 굴절되어 생기는 현상으로 햇무리가 발생하면 3일 이내에 비가 온다는 속설이 있다. 어서 비가 내려 목마른 대지의 갈증을 해소하였으면 한다.

입구에 황금측백나무들이 하얀 별모양의 열매를 매달고 반긴다. 마치 별이 촘촘히 박혀 있는 듯하다. 황금측백은 비늘잎을 가졌는데 잎 뒷면에 흰색 기공조선이 없다. 편백은 뒷면에 Y 형태의 흰색 기공조선이 있고 화백은 W 형태의 흰색 기공조선이 있다. 수형은 상록성 원추형이다. 특징은 1년에 색상이 짙은 갈색, 황금색, 짙은 녹색 등으로 세 번 변한다. 생명력이 강해 울타리나 산소 주위에 많이 심는다.

지인께서 나무 한그루를 가리키며 무슨 나무냐고 묻는다. 먼나무다.

"저 나무가 뭔 나무요?"
"그거요, 먼나무요!"
"무슨 나무냐고 묻지 않습니까?"

이름 때문에 말해줘도 자꾸 되묻는 일이 종종 생기곤 한다. 먼나무는 감탕나무과의 상록교목이다. 약 10m 정도 높이로 자라고 잎은 어긋나며 타원형이다. 꽃은 5~6월에 연한 자줏빛 잔꽃이 취산화서로 피고 열매는 10월에 붉게 익는다. 관상용으로 암수딴그루이며 제주도 및 남해안 지방에 많이 분포되어 있다. 제주도에서 먼나무 열매를 '멋'이라고 했는데, 이에 멋나무였던 것이 표준어로 정해지는 과정에서 소리 나는 대로 적으며 먼나무로 정해진 것으로 보인다. 꽃보다 열매가 더 아름다운 나무가 먼나무이다. 빨간색 열매가 머루송이처럼 주렁주렁 달리는데, 빛깔이 어찌나 붉은지! 열매는 가을에 절정을 이룬 뒤 이듬해 봄까지 달려 있다. 겨울 내내 빨간 열매를 매달고 있는 먼나무의 진정한 매력은 멀리서 보아야만 멋스러워서 먼나무가 되었다는 설도 있다. 겨울에 열매가 열리기 때문에 또한 먹을 것이 부족한 겨울새들에게 소중한 식량을 제공하는 고마운 나무이다. 정원에 심으면 부자가 된다는 속설이 있다. 제주도에서는 가로수로 많이 심고, 제주도 서홍동에는 수령이 170년인 우리나라에서 가장 오래된 먼나무가 보호수로 지정되어 있다. 꽃말은 '기쁜 소식', '보호'이다.

정원 한가운데서 100년 넘은 개살구나무 한그루가 노란 열매를 매달고 반긴다. 지인의 증조부 때부터 있던 나무란다. 1세기가 넘도록 한자리에서 한평생 잎을 틔우고 꽃을 피우며 열매를 익힌 나무는 여전히 열매를 제공한단다. 남은 잎을 다 떨어뜨리고 온갖 풍파를 겪으면서도 아무 일 없다는 듯 묵묵히 서 있는 기품이 고아하고 존경스럽다.

개살구나무는 장미과의 낙엽활엽 교목으로 높이 5~10m 정도로 자라고 잎은 달걀 모양으로 가장자리에 톱니가 있다.

4~5월에 연한 붉은색 꽃이 잎보다 먼저 하나씩 핀다. 열매는 핵과로 6월경에 누렇게 익는데 살구랑 비슷하다. 살구보다 맛이 시고 떫어 바로 식용하지는 않고 담가서 약용으로 많이 쓴다. '산살구나무'라고도 부르며 속담에 많이 인용된다.

• 개살구도 맛 들일 탓: 시고 떫은 개살구도 자꾸 먹는 버릇하여 맛을 들이면 그 맛을 좋아하게 된다는 뜻으로, 정을 붙이면 처음에는 나빠 보이던 것도 점차 좋아짐을 비유

• 산살구에 배꽃이 피랴: 산살구에 배꽃이 필 수 없다는 뜻으로, 근본이 나쁜 데서 좋은 것이 나올 것을 바랄 수 없음을 비유

정원수나 도구재로 쓰며 꽃말은 '처녀의 수줍음'이다.

오늘도 풍성한 산촌에서 은은히 풍겨오는 숲 향기를 맡고 간다. 법정스님은 숲 향기를 '듣는다'고 하셨다. 참 멋진 표현이다. 나도 숲 향기를 듣고 가려는데 하늘이 불타듯 붉은 저녁노을이 또 붙잡는 것 같다. 저 붉은 저녁노을이 아름다운 까닭은 집착이 없기 때문이 아닐까? 인간사의 덧없음과 사람이 죽을 때 어떻게 죽어야 하는지, 저녁노을을 바라보면서 다시 한 번 생각해본다. 공기 좋고 물 좋은 곳에서 하루를 잘 보내니 즐거움이 배가 되는 듯하다. 행복한 하루다.

아왜나무, 오동나무

부산진구의 길을 지키는 나무들

후텁지근한 공기가 새벽잠을 깨운다. 목에 수건 하나 걸치고 백양산을 오른다. 온몸에 묻어나는 풀 냄새, 맑은 하늘, 막 솟아오르는 첫 태양의 빛을 받아 반짝이는 나무들, 물방울이 부서지는 것 같은 공기 등으로 상큼하게 깨어 있는 새벽 산을 걸어본다. 산새들이 재잘거린다. 산새 소리가 귀를 맑게 한다. 새벽에 자연이 가져다준 멋진 선물이다. 새벽 백양산을 걷고 오니 몸과 마음이 상쾌하다.

우리 부산진구에는 특이한 가로수들이 많이 심겨져 있다. 부산시민공원 정문 앞 도로에 아왜나무가 약 200m가량 줄지어 있고 부산진 경찰서 도로에는 오동나무가 넓은 잎을 자랑

하며 양 옆으로 서 있다. 이처럼 가로수라고 해서 획일한 종류를 심는 것보다는 각각 특징을 지닌 다양한 종류를 심는 것이 좋지 않을까 생각한다.

아왜나무는 인동과 가막살나무속에 속하는 상록 소교목이다. 다른 어떤 나무보다 불에 버티는 힘이 강하기로 유명하다. 즉, 방화수로서 널리 알려진 나무다. 한 나무씩 보다 다른 나무들 사이사이에 여러 줄로 이어 심으면 더 효과적인 천연 방화벽을 만들 수 있다. 산자락에 위치한 인가 근처라면 아왜나무로 나무울타리를 만들어 산불에 대비할 만하다. 아왜나무의 잎은 거의 어른 손바닥만큼 크고 두꺼우며 많은 수분을 가지고 있다. 나무 몸체도 원래부터 함수율이 높다. 때문에 일단 불이 붙으면 수분이 빠져나오면서 보글보글 거품을 만드는 재미있는 현상도 볼 수 있다. 마치 거품형 소화기처럼 표면을 덮어서 차단막을 만드는 셈이니 불에 강할 수밖에 없다. 이런 특징을 살려 일본 사람들은 '아와부끼(거품을 내뿜는 나무)'라고 했다. 우리 이름인 아왜나무 역시 일본의 영향을 받아 거품나무란 뜻으로 처음에는 '아와나무'로 부르다가 아왜나무가 된 것으로 보인다. 이름이 참 재미있다. 현대 일본말에서 '아와부끼'는 '나도밤나무'를 말한다. 가을엔 콩알 굵기만 한 빨간 열매가 익는다. 짙푸른 녹색 잎을 바탕으로 수천 수만 개의 붉은 열매가 나무 전체에 달려 있는 모

습이 장관을 이룬다. 그 모습이 붉은 산호를 닮았다고 하여 한자 이름이 '산호수(珊瑚樹)'이다. 한방에서 잎과 나무껍질을 짓찧어서 타박상, 골절상에 사용한다. 꽃말은 '지옥 간 목사'이다.

오동나무는 현상과의 낙엽활엽교목이다. 5~6월 무렵 가지 끝의 원추꽃차례에 종 모양의 연보라색 통꽃이 피는데 향기가 진하다. 오동나무는 우리나라 특산종으로 식물학적으로 울릉도가 원산인 참오동나무가 원종이다. 오동나무와 참오동나무는 구별이 잘 안 되긴 하는데, 참오동나무는 잎 뒷면에 갈색 털이 없고 꽃에는 자줏빛을 띤 갈색의 털이 있다는 것이 특징이다. 옛 문헌에 등장하는 '봉황을 기다리는 나무'는 대개 벽오동을 가리킨다. 10월에 길이 3cm 정도인 둥근 달걀꼴의 삭과가 달려 익는데 끝이 뾰족하고 털이 없다.

오동나무 씨는 아주 작고 수도 많아 멀리 날아가 퍼지는데 열매 하나에 들어 있는 씨의 수는 2,000~3,000개에 달한다. 번식은 주름날개를 양 옆으로 단 가벼운 씨앗이 바람을 타고 멀리 날아다니게 하는 어미의 계획된 대량 살포 작전을 따른다. 적당한 곳을 만나면 싹을 틔우고 당년에 사람의 키를 훌쩍 넘겨버린다. 마치 풀이 자라듯 빨리 자란다. 속전속결을 하려는 오동나무의 전략은 커다란 잎에 있다. 보통 오각형 지름이 20~30cm지만 생장이 왕성한 어릴 때는 잎 지름

이 거의 1m에 육박하는 경우도 있다. 광합성을 많이 하여 단기간에 집중적인 양분 공급으로 급속히 몸체를 불리자는 속셈인데 그 전략은 그대로 맞아 들어갔다. 우리나라에서 가장 빨리 자라는 나무가 된 것이다. 뿌리, 잎, 꽃, 열매 등은 한약재로 쓰며 잎은 재래식 변소에 넣어두면 벌레가 생기지 않는다고 한다. 오동나무는 비중에 비해서 단단한 편이고 재질이 좋기로 널리 이름을 떨친다. 나무는 가볍고 연하여 가공하기 쉬우며 무늬가 아름답고 잘 뒤틀어지지 않는다. 습기에도 강하며 불에 잘 타지 않는 성질까지 있다. 그래서 전통 옷장재료로 흔히 쓰인다. 옛적에 딸을 낳으면 그 몫으로 오동나무 몇 그루를 심고 아들을 낳으면 선산에 소나무를 심었다. 딸이 성장하여 시집 갈 나이가 되면 수년간 자란 오동나무를 잘라 농짝이나 반닫이를 만들어주었다. 오동나무는 여러 가지 쓰임 중에서도 악기 재료로 단연 으뜸이었다. 소리 전달 성능이 다른 나무보다 좋아 우리나라 거문고나 가야금은 물론 중국과 일본의 전통 악기에도 오동나무가 빠지지 않는다. 꽃말은 '고상'이다.

나무는 우리에게 희생정신과 배려하는 마음을 가르쳐주는 말 없는 스승 같다. 삶을 살아갈 지혜를 나무에게서 하나하나 배워나가야 하지 않을까?

밤나무, 감나무

우리 곁의 친근한 과수들

8월은 모든 나무들이 광합성 활동을 가장 활발하게 하는 시기로 매우 분주하다. 겨울을 대비하기 위해서다. 짙푸른 색이 증명한다. 작열하는 태양빛은 부드러운 조명처럼 잎 사이를 비추고 하얀 구름은 이리저리 멋대로 그림을 그린다. 염소 뿔도 휘어진다는 대서(大暑)도 지나고 이젠 더위도 서서히 꺾일 듯싶다. 조금 있으면 추석이 다가온다. 추석이면 차례 상에 오르는 밤나무, 감나무가 떠오른다.

먼저 밤나무에 대해 알아보자. 밤나무는 참나무과의 밤나무속이다. '율목'이라고도 하며 옛날에는 중요한 먹거리였기 때문에 '밥나무'로 불리다 지금의 밤나무가 되었다고 한다. 밤

은 제사 때 올리는 과일 중 대추 다음이었을 정도로 제물(祭物) 중에서 중히 여겼다. 밤송이 안에 보통 밤알이 세 개씩 들었는데 후손들이 영의정, 좌의정, 우의정으로 대표되는 삼정승을 한집안에서 나란히 배출시키라는 의미가 담겨 있다. 사당이나 묘에 세우는 위패를 만드는 데는 꼭 밤나무를 썼다. 식물들은 대부분 종자에서 싹을 틔워내면서 종자 껍질을 밀고 싹이 올라오는 데 반해, 밤나무는 뿌리가 내려가고 줄기가 올라오는 경계 부분에 종자의 껍질이 오래오래 달려 있다. 그래서 밤나무를 자기가 나온 근본을 잊지 않는, 즉 조상을 잊지 않는 나무로 여겨 위패 만드는 데 썼다. 또한 이 때문에 조상을 잊지 말라는 뜻으로 제사상에 꼭 올라가게 되었다.

밤은 과일이면서 씨앗이다. 밤꽃이 한참 필 때 사방으로 퍼지는 독특한 향기는 '양향(陽香)'으로 불린다. 스퍼민과 테르도미린이라는 성분 때문인데 정액에도 들어 있다. 그래서 밤꽃 향기를 정액냄새에 비유하기도 한다. 꽃이 필 때 수꽃을 따서 그늘에 말린 것을 '율화'라 하고 밤 껍질을 벗겨 말린 것을 '건율'이라 하며 한약 재료로 쓴다. 밤꽃은 대표적인 밀원이며 염색에도 사용했다. 밤나무는 상수리나무와 아주 비슷하지만 잎의 엽침(잎자루가 붙은 곳의 살찐 부분)을 보면 쉽게 구분할 수 있다. 엽록소가 있어 녹색으로 보이면 밤나무이고 엽록소가 없어 갈색으로 보이면 상수리나무이다. 또 밤나무에는 타닌 성분이 있어 방부제 역할을 한다. 재질이 단단하며 탄성이 크고 수명도 길어 세계 각국의 철도 침목으로 거의 밤나무가 사용되었다. 강원도 평창군 방림면 운교리의 수령 370년 된 밤나무는 현재 알려진 밤나무 중에서 가장 크고 오래되었을 뿐만 아니라 생육이 양호하여 재래종 과실 나무로서 학술적 가치가 매우 크다. 꽃말은 '포근한 사랑'과 '정의'다.

다음은 감나무다. 감나무는 감나무과에 딸린 낙엽교목이다. 옛날 시골집 마당에는 감나무 한두 그루씩 없는 집이 없었다. 감나무 자체가 시골 경치를 그대로 반영한다. 예로부터 우리 선조들은 밭둑에 대추나무, 야산 자락에 밤나무, 마당가에 감나무, 숲속에 돌배나무를 반드시 심었다. 제사상의 맨 앞줄에 올라가는 조율이시(棗栗梨柿)로서 꼭 챙겨야 할 과일나무이기 때문이다. 감나무는 7덕과 5절이 있다고 한다. 7덕이라 함은 수명이 길고, 그늘이 짙으며, 새가 둥지를 틀지 않고, 벌레가 생기지 않으며, 단풍이 아름답고, 열매가 맛이 있으며, 낙엽은 훌륭한 거름이 된다 함이다. 5절이라 함은 잎이 넓어 글씨 연습하기 좋아 '문'이 있고, 나무가 단단하여 화살촉 재료가 되기에 '무'가 있으며, 열매가 겉과 속이 똑같이 붉어 표리 같으므로 '충'이 있고, 홍시는 노인들도 먹을 수 있으므로 '효'가 있으며, 서리 내리는 늦가을까지 열매가 가지에 달려 있으므로 '절'이 있다 함이다.

감나무는 손바닥만 한 커다란 잎을 갖고 있고 나뭇가지는 질긴 성질이 좀 모자라 잘 부러진다. 그래서 감을 따려고 나무 위로 올라가는 일은 금물이다. 오래된 줄기 껍질은 흑갈

색으로 잘게 그물처럼 갈라진다. 감꽃은 늦봄에 노랗게 피는데, 꽃이 큰 잎에 묻혀 있고 꽃잎은 말려있어서 잘 보이지 않는다. 늦봄에 피는 감꽃이 땅에 떨어지면 어려웠던 시절 아이들의 간식거리가 되어주었다. 땅에 떨어진 감꽃을 주워 모아 약간 시들었을 때 먹으면 달콤한 맛이 더했다. 이어서 감이 열리면 익을 때를 기다리지 못하고 초복을 넘기자마자 낙과하는 푸른 감을 주워 먹는다. 민간에는 감이 설사를 멎게 하고 배탈을 낫게 한다고 알려져 있는데 이는 강한 수렴(收斂)작용을 하는 타닌이 장의 점막을 수축시켜 설사를 멈추게 하는 것이다. 홍시를 만들면 높은 당도를 얻을 수 있고 곶감을 만들면 다른 어떤 과일보다 오랫동안 저장할 수 있어서 더욱 사랑을 받았다.

감나무는 열매뿐만 아니라 나무도 귀중한 쓰임이 있었다. 검은 줄무늬가 들어간 감나무는 특히 먹감나무라고 하여 옷장, 문갑 등 조선시대 가구재로 널리 쓰였다. 제주도에서는 '갈중이' 혹은 '갈옷'이라 부르는 옷이 있는데, 무명에 감물을 들여 만든 옷이다. 감물은 방부제 역할을 하여 땀이 묻은 옷을 그냥 두어도 썩지 않고 냄새가 나지 않으며 통기성이 좋아 여름에는 시원했다. 뿐만 아니라 밭일을 해도 물방울이나 오물이 쉽게 묻지 않고 곧 떨어지므로 위생적이다. 감나무의 번식은 씨로 하지 않고 주로 고욤나무를 대목(臺木)으로 접

붙여서 한다. 감나무와 고욤나무는 열매가 열리지 않을 때는 구별하는 데 약간 어려움이 있다. 감나무는 잎이 두껍고 거의 타원형이며 표면에 광택이 있고 고욤나무는 잎이 조금 얇고 작으며 긴 타원형에 광택이 거의 없다. 뿌리가 땅속 깊이 내려서 있어 옮겨심기가 어려운데 3~4월경 옮겨심기가 적당하다. 경남 의령 백곡리에는 천연기념물 492호로 지정된 400년 된 감나무가 있다. 상주시 외남면 소은리의 보호수 감나무는 540년이나 되었는데 접붙이기를 한 감나무임이 밝혀졌다고 한다. 꽃말은 '경이', '자애', '소박'이다.

8월의 숲속은 온갖 새, 풀벌레들의 공연장이다. 더운 한낮에도 공연은 쉬지 않고 이어진다. 하늘은 파란 물감을 덧칠해놓은 듯 청명한 색깔 위에 흰 구름 몇 점들이 노닌다. 우거진 녹음이 출렁출렁 파도를 치는 것 같다. 바람도 분명 서늘해질 것이다. 이젠 진한 여름의 향기는 서서히 사라지고 가을의 자리에 몸을 내놓지 않을까?

가을

세 번째

가을에 만난 나무들

가을은 나무들이 온천지를 물감을 뿌려 놓은 듯이
알록달록한 세상을 만들어준다.
여름동안 왕성하게 활동하여 축적한 에너지를
열매로 저장하고 가지의 잎들을 떨구어 자신을 비운다.
다가오는 겨울을 준비하며
한껏 아름다운 세상을 우리에게 선사한다.
버릴 것은 버리고 다가오는 겨울을 준비할 것이다.
가을나무의 지혜를 엿볼 수 있다. 나무를 닮고 싶다.

꽃댕강, 굴거리나무

새잎 위해 묵은 잎 떨어지는 굴거리나무

파란 하늘에 하얀 뭉게구름이 천천히 이동한다. 뙤약볕이 뜨겁다. 처서를 엊그제 보내고도 더위가 가신 것이 아니다. 뙤약볕은 사실 처서 무렵의 햇빛을 말한다. 여름을 보내려는 매미소리도 요란스럽다. 올해는 일찍부터 무더워 봄은 사라지고 여름만 있는 듯하다. 그래도 자연 순리에 따라 가을은 어김없이 오고 있다. 살랑살랑 부는 바람의 느낌이 다르다. 바람 따라 향긋한 향기가 실려 온다. 저만치 부산진구청으로 향하는 길목에 일렬로 서 있는 꽃댕강나무 꽃이다.

꽃댕강은 인동과의 낙엽활엽관목으로 높이가 1~3m에 여러 개의 줄기가 나온다. 잎은 마주나고 거꾸로 된 달걀 모양

이며, 6~11월까지 종 모양의 흰색 꽃이 많이 피고 열매는 수과로 9월에 익는다. 꽃은 곱고 여린 숙녀를 보듯 들여다볼수록 정아하다. 마른 가지를 부러뜨리면 댕강 소리를 내고 새 가지 밑 부분이 댕강 잘 부러진다고 꽃댕강나무이다. 열매는 네 개의 날개가 있다. 추위에 약하고 주로 남부지방에 분포되어 있으며 공해에 강하여 공원이나 도로변 생울타리 진입로에 식재되어 있다.

번식은 꺾꽂이로 한다. 새 가지가 댕강 잘 부러지는데 그 생리가 있다. 이 나무는 꺾꽂이로만 번식하여 수북한 흰 꽃은 오로지 도시인들의 지친 눈과 마음을 위한 희생의 꽃이다. 찬바람이 불기 시작하는 가을이 되면 흰 꽃이 툭툭 떨어지고 그 자리에 다시 빨간 꽃이 피어난다. 실제로는 꽃받침이다. 꽃받침마저 꽃처럼 아름다운 것은 희생의 꽃을 피운 이 나무를 위한 조물주의 보답이 아닐까? 꽃댕강 나무의 꽃에는 '5+5+5'라는 숫자의 심플한 신비가 깃들어 있다. 종 모양으로 생긴 통꽃의 갈라진 꽃잎이 다섯 개이며 그 꽃을 받치고 있는 꽃받침도 다섯 개, 꽃 속의 술도 수술 네 개, 암술 한 개로 모두 다섯 개다. 1930년대 일본에서 우리나라에 들어왔으며 '아젤리아'라고도 부른다. 꽃말은 '평안함'이다.

부산진구청 건너편 시민공원 입구에서 여러 개의 손가락이 아래위로 너불너불 인사를 한다. 굴거리나무이다. 굴거리

나무는 굴거리나무과의 상록활엽교목이다. 높이는 7~10m 정도까지 자라며 그늘진 곳에서 잘 자란다. 작은 가지는 굵고 녹색이지만 어린 가지는 붉은 빛이 돈다. 암수딴그루로 연두색 작은 꽃이 피고 긴 타원형의 열매는 가을에 검은 자주색으로 익는다. 굴거리나무는 새 잎이 나게 되면 그 아래에 있던 오래된 잎이 떨어지는데 이런 특징 때문인지 부활이나 희망을 상징하는 소재로 많이 쓰인다. 생김새가 이국적이며 추위에 매우 강하다는 점 때문에 지구온난화를 대비할 가로수로 많이 심는다.

잎은 이듬해 봄에 떨어져 봄 속에 가을 풍경을 그려낸다. 우리나라 남부해안이나 도서지방에서 자생하며 북방한계선은 내장산 부근으로 알려져 있다. 내장산 내장사 부근 급경사지 두 곳에 총 300여 그루가 군락을 이루어 자생하는 것으로 보인다. 내장산 굴거리나무 군락은 학술적 가치를 인정받아 천연기념물 제91호로 지정되어 보호받고 있다. 또 굴거리나무는 '묵은 것을 보내고 새 것을 맞이한다' 또는 '한 해를 보내고 새 해를 맞이한다'는 의미를 지닌 1월을 상징하는 나무이기도 하다. 새 잎이 나와 어느 정도 자리가 잡힌다 싶으면 묵은 잎이 일제히 떨어져 나간다. 인생사에 비유하면 때가 되면 후손들에게 자리를 물려주고 명예로운 은퇴를 한다는 뜻으로 해석된다. 그것도 후손들이 받을 준비가 다될 때까지

기다렸다가 모든 것을 물려주고 떠나는 것이다. 그래서 중국 이름도 '서로 물려주고 받는다'는 뜻의 '교양목(交讓木)'이다. 일본 이름은 '물려주고 떠나는 잎'이라는 의미의 '유르리하 양엽(讓葉)'이다. 송구영신의 의미를 갖고 있기 때문에 일본에서도 1월을 상징하는 나무로 여기고 정월초하루 날 새해를 맞이하면서 집안을 장식할 때 굴거리나무 잎을 바닥에 까는 풍속이 있다. 우리나라에서는 이 나무의 가지가 굿을 하는 데 이용됐다고 해서 굿거리나무가 굴거리로 변했다는 설과 묵은 잎이 고개를 숙인 것처럼 보이므로 숙이고 산다는 의미의 '굴거(屈居)'에서 유래됐다는 설이 있다. 어떻게 보면 곧추서서 붙어 있는 새 잎은 두려울 것 없이 나아가는 젊은이, 고개를 숙이고 붙어 있는 묵은 잎은 쓸쓸히 퇴장하는 은퇴자처럼 보여 씁쓸하기도 하다. 꽃말은 '내 사랑 나의 품에 자리를 내어줌'이다.

이렇게 굴거리나무를 보고 있노라면 많은 생각이 든다. 일본의 소설가 소노 아야코의 『계로록(戒老錄)』에서처럼 멋지게 늙어가는 여덟 가지 방법을 실천해야겠다는 생각도 든다. 항상 자신을 낮추고 하심(下心)하는 마음으로 아름답게 퇴장하는 법을 익히고 간소하고 겸허한 자세를 배우는 삶의 지표로 삼고 싶다.

능소화

가을을 수놓는 주황빛 보물

서늘한 바람이 분다. 가을을 맞이한다. 나무들도 가을 준비를 한다. 그 덥던 한여름도 지나갔다. 이렇게 자연은 순리에 따른다.

기차를 타고 산행계획을 잡았다. 모처럼 차창 밖 풍경이 눈에 들어온다. 바람에 날리는 나뭇잎, 햇살에 부서지는 강물, 떠다니는 구름들…. 뻔한 풍경임에도 평소 보는 것과 다르게 느껴진다. 몹시 황홀하고 아름답다. 가을 냄새가 한 움큼 퍼진다. 초록색들이 변화를 꾀한다. 가을은 마무리를 위한 준비하는 계절이다. 하나씩 천천히 비워가고 있다. 나무에게 비워가는 방법을 배워야 한다.

초입 담장에 기대어 능소화가 활짝 웃고 있다. 주황색 꽃이 주렁주렁 늘어진 담벼락이 싱그럽기 그지없다. 능소화는 낙엽활엽 덩굴나무로 가지에 공기뿌리의 흡착근이 있어 벽에 붙어 10m까지도 자란다. 능소화의 이름은 참 거창하다. 업신여길 '능(淩)', 하늘 '소(霄)', 즉 하늘을 업신여긴다는 꽃이다. 조선시대엔 양반집 마당에만 심을 수 있다 하여 '양반꽃'이라고 불렀고 지방에서는 '금등화', 외국에서는 트럼펫처럼 생겼다 하여 '트럼펫 클리퍼'라고 부른다. 궁궐에 살던 '소화'라는 궁녀가 임금에게 버림받고 그 넋이 꽃으로 변했다는 전설도 있다. 또한 장원급제 한 어사의 화관에 장식했다 하여 '어사화'라 불리는데, 지식인들의 포상처럼 사용한 꽃이다. 풋풋하면서도 농염한 꽃의 묘한 매력이 눈길을 끈다. 꽃은 양성화로 진한 주황색 꽃이 트럼펫 모양으로 모여 핀다. 한 번 피기 시작하면 초가을까지 피고지기를 반복한다. 또 꽃이 질 때도 시들어 추한 모습을 보이지 않으려는 듯 목련처럼 활짝 핀 자태 그대로 꽃을 떨군다. 한껏 최고조의 아름다움을 뽐내는 그 순간 생을 끝내는 가인의 풍모가 있다. 남부지방을 중심으로 사찰 담장이나 가정집 정원에서 많이 볼 수 있는 관상수로 꽃말은 '그리움', '기다림', '명예'이다.

나무와 더불어 살아간다는 것의 의미를 짚어보기에 좋은 계절이다.

무궁화, 멀구슬나무

새로운 꽃이 끝없이 피는 무궁화

가을 하늘이 푸르다. 푸르다 못해 파랗다. 하얀 구름이 움직이지 않는다. 정적이 감돈다. 내일 모레면 추석이다. 추석하면 생각나는 1959년 추석날 아침의 태풍 '사라'를 잊지 못한다. 지금은 복개된 당감천으로 성난 황토물이 이리저리 파도처럼 밀려들고 나무는 뿌리째 뽑혀 둥둥 떠다니고 돼지와 닭, 오리들이 물살에 휩쓸려 떠내려 오던 모습, 사람들이 가축을 잡으려고 긴 작대기 등으로 위험하게 오가던 모습이 지금도 선하다. 그 당시 태풍 피해는 전국적으로 가장 컸던 것 같은데, 아마 그때는 산에 나무가 없어 피해가 더 크지 않았나 생각한다.

오늘은 대한민국 국화(나라꽃)인 무궁화에 대해 알아본다.

무궁화는 아욱과에 딸린 낙엽관목이다. 7월부터 10월까지 약 100일 동안 매일 새 꽃이 피는 나무다. 이 때문에 '끝없이 핀다'는 의미를 가졌다. 꽃을 많이 피우는 나무는 한 그루당 3천여 송이까지 피운다고 하니 우리 민족의 인내, 끈기, 진취적인 성향을 그대로 반영한 꽃이다. 그 종류가 200여 종 이상에 이르며 우리나라의 주요 품종은 꽃잎 형태에 따라 홑꽃, 반겹꽃, 겹꽃의 세 종류로 구분하고, 꽃잎의 색깔에 따라 단심(붉은색)계, 배달계, 아사달계로 구분한다.

단심계는 꽃의 중심부에 붉은 무늬가 있는 것으로, 백단심계, 홍단심계, 청단심계로 구분한다. 꽃의 중심부에 단심이 없는 순백색의 흰 꽃을 배달계, 단심이 있고 꽃잎에 무늬가 있는 종류는 아사달계라고 한다. 무궁화 꽃은 단심 안쪽으로 꽃잎이 갈라져 있는 것 같지만, 자세히 들여다보면 하나로 이루어진 통꽃으로 단일 민족을 상징한다.

무궁화를 나라꽃으로 선정한 것은 1896년의 일이다. 독립문 주춧돌을 놓는 의식 때 애국가 후렴에 '무궁화 삼천리 화려강산'이라는 구절을 넣으면서 나라꽃이 되었다고 한다. 한편 무궁화 정신은 우리 겨레의 단결과 협동심으로, 꽃잎이 떨어져 있는 것 같으면서도 그 근원은 하나인 통꽃이라는 데서 유래한다. 우리 겨레의 인내, 끈기, 그리고 진취성을 상징하며 중심부의 붉은색은 정열과 사랑을 나타내고, 이것이 불꽃처럼 꽃잎을 따라 퍼져나가는 것은 발전과 번영의 상징이다. 옛 이름은 '목근', '순화'이며, 번식은 주로 영양번식인 꺾꽂이 접붙이기를 한다. 꽃말은 '일편단심', '영원'이다.

다음은 멀구슬나무다. 옛 해운대 기차역사에는 오래된 멀구슬나무 한 그루가 외롭게 서 있다. 오래된 가지가 부러질까봐 노끈으로 묶어 놓고 바닥 경계석은 아무렇게 흩어져 있다. 안타깝다. 조속히 정비하여 멀구슬나무에게 예의를 표하여야 겠다. 멀구슬나무는 멀구슬과에 속하는 낙엽교목이며 '멀건 구슬 같은 열매가 달리는 나무'라는 뜻이다. 열매를 염주로 만들던 데에서 '목(木)구슬나무'라고 부르던 것이 변하여 '멀구슬나무'가 됐다고 하며 제주도에서는 말구슬나무, 구주나무, 구주목이라 부른다. 집집마다 이 나무를 심어 두었다가 딸이 시집갈 때 베어 장롱을 만들어주는 풍속이 있었으며, 열매 전체를 옷장에 넣어 오늘날의 나프탈렌처럼 쓰기도 했다.

멀구슬나무는 다양한 경제적 가치를 지닌 식물 자원이기도 하다. 목재로서 가볍고 부드러우며 무늬가 아름다워 가구, 건축 모형 등에 많이 쓰인다. 5월에 피는 자주색 꽃은 신록의 잎색과 어울려 제법 아름답다. 아열대 수종으로 가시 끝에 연보랏빛의 작은 꽃들이 무더기로 피는데, 꽃 모습과 향기가 라일락을 닮아서 서양인들은 '인디안 라일락'이라고 부른다. 9월에 익는 딱딱한 열매의 핵은 염주를 만드는 데 쓰이고 씨에서 짠 기름은 불을 밝히는 데 쓰인다. 다산 정약용 선생의 시에도 등장할 만큼 선조들의 생활과 함께한 나무다. 또 열매, 잎, 줄기에 독성분이 조금씩 들어 있다. 열매를 천련자(川楝子), 뿌리껍질을 고련피(苦楝皮)라 하여 한방에서 약재로 많이 쓴다. 유기농법에서는 멀구슬나무에서 추출된 '아자디라크린'이라는 살균 해독 성분을 이용하여 개발한 친환경 살충제를 사용한다. 우리나라의 한 제약회사에서는 2년 전부터 천련자에서 추출한 성분으로 치매 치료제 개발에 착수하였다. 좋은 결실이 나왔으면 한다. 꽃말은 '자랑', '겸손한 마음'이다.

지난여름은 무던히도 더웠다. 열대야 현상이 지속적으로 이어졌고, 콘크리트 빌딩과 아스팔트 도로 등으로 인한 열섬현상이 자주 발생하여 생활환경을 위협했으며, 전 세계적인 온난화 현상으로 지구는 몸살을 앓고 있다. 이러한 열섬현상과 고온현상을 막을 수 있는 방법이 바로 녹지 조성이다. 나무

는 햇빛을 가려주는 것 외에도 증산작용을 통해 수분을 발산시킴으로서 적절한 습도를 유지하고 신선한 미풍을 일으키며 주위 온도를 5~11℃까지 낮춰주는 효과가 있다. 다 자란 나무 한그루는 하루 400L에 달하는 수분을 발산하며 이는 에어컨 12대 몫에 달한다고 한다. 또한 연간 메세먼지를 36g 정도 흡수하고 방풍 효과와 해일에 대한 대비 효과도 있다. 도시의 이글거리는 대지와 탁한 공기를 순화시켜야 한다. 이젠 나무로 이루어진 숲을 조성하여 도시의 허파를 튼튼하게 하고 사람이 살 수 있는 도시를 만들어야 한다. 나무의 중요성을 한 번 더 생각해본다.

메타세쿼이아, 은행나무, 동백나무, 양버즘나무

시간을 건너온 수목들

파란 하늘이 구름과 어울려 한 폭의 그림을 보는 듯 맑은 날씨다. 부산시민공원으로 향한다. 부산 시민공원은 애환이 깊은 곳이다. 하야리아 부대가 주둔하다가 2010년 부산시에 반환되어 2014년 5월 1일 완공된 부산의 심장부를 대표하는 새로운 형태의 공원이다. 부산시민공원은 기억(Memory), 문화(Culture), 즐거움(Pleasure), 자연(Nature), 참여(Participation)라는 5개 활동주제로 조성되었다. 면적은 약 16만 평이며 교목 및 관목이 약 85만 그루 심어져 있다.

남문 출입구로 향한다. 입구에 메타세쿼이아가 양 옆으로 도열해 환영한다. 훤칠하고 우람한 몸짓을 뽐내는 멋진 메타세쿼이아는 살아 있는 화석식물이다. 메타(변화)와 세쿼이아(삼나무), 즉 삼나무가 변화된 수종이다. 우리말로는 수삼나무라 하여 물을 좋아하는 삼나무라는 의미를 담고 있다. 가을엔 단풍 감상이 가능하고 여름엔 짙은 푸른 잎이 아름다우며, 성장 속도가 빨라 가로수에 적합하고 매력이 많은 나무이다. 전남 담양에 유명한 메타세쿼이아 숲길이 있다.

메타세쿼이아 길을 벗어나니 이번엔 은행나무들이 양 옆으로 도열하고 있다. 은행나무의 은행(銀杏)은 '빛나는 살구씨'라는 뜻으로, 대기오염에 강하여 가로수에 많이 심으며 느티나무, 팽나무와 함께 마을 당산나무로도 많이 심는 노거수이다. 범어사 경내에 있는 580년 된 은행나무는 1980년 보호수로 지정되었고, 경기도 양평 용문사에는 수령이 1,100년으로 추정되는 높이 42m의 제일 오래된 은행나무가 있다. 암수딴그루로, 암나무는 가지가 옆으로 퍼지고 수나무는 가지가 위로 자라는 것을 보고 구분한다. 잎 모양이 오리발을 닮아 '압각수(鴨脚樹)'라고도 하고, 나무를 심으면 손자 대에 가서야 열매를 먹을 수 있다 하여 '공손수(公孫樹)'라고도 한다. 또한 소철, 메타세쿼이아 등과 함께 옛날 화석 속에서 발견되었다 하여 '살아 있는 화석나무라'고도 부른다. 은행나무 잎에서 추출한 징코민이라는 성분으로 혈액을 맑게 하는 약품도 만든다.

공원 한가운데로 접어들어 오래된 동백나무를 만난다. 부산은행에서 기증한 나무다. 겨울 추위를 이겨내고 꽃(동백꽃)을 피우는데 동박새가 꽃가루받이를 도와주는 '조매화'라는 점이 특징이다. 꽃이 질 때에는 나무에 매달린 깔끔한 모양의 꽃이 통째로 떨어진다. 그래서 절화다. 떨어진 꽃도 예쁘다. 꽃은 6개월가량 피는데 겨울에 피는 것을 동백, 봄에 피는 것을 춘백, 가을에 피는 것을 추백이라고 부른다. 옛사람들은 나무에서, 땅위에서, 마음속에서 세 번 꽃을 피운다고 한다. 이제 막 꽃망울을 터트린 동백과 땅 위에서 떨어져 붉은 바닷물 장관을 연출한 동백이 사람들의 마음에 봄을 알리는 신호탄을 터트린다.

밤색 씨를 빻아서 짠 동백기름은 먹기도 하고 머릿기름으로도 썼다. 냄새도 나지 않고 잘 마르지도 않아 머릿기름으로 옛날부터 많은 부인들의 사랑을 받아왔다. 또 올리브유 대용으로 쓰고 이뇨제로도 사용된다. 타닌이 많이 함유되어 있는 동백꽃은 수혈, 지혈, 정장제로 사용된다. 꽃말은 '청초', '정조', '그 누구보다도 당신을 사랑합니다'이다.

'기억의 숲'으로 발길을 옮긴다. 역사의 아픈 흔적과 기억들을 안고 자란 하야리아 부대 안의 오래된 양버즘나무 90여 그루가 숲길을 조성하여 이용객들에게 최고의 녹음과 쉼터를 제공하고 있다. 아마 일제강점기 때 심은 나무인 것 같다. 나무 아래 넉넉한 그늘을 펼친다. 시원한 그늘을 제공하는 몇

안 되는 가로수이다. 휴식처엔 가족 단위의 많은 나들이객들이 도시락도 먹고 휴식을 취한다. 양버즘나무는 플라타너스로 잘 알려진 나무인데, 나무 수피가 버짐이 핀 것처럼 보인다하여 붙여진 이름이다. 그리고 통상 열매가 한 개 달리면 양버즘나무, 두 개 이상 달리면 버즘나무라 생각하면 된다. 비오는 날 양버즘나무 근처에 있으면 독특한 냄새가 나는데 '만니톨'이라는 당분 성분 때문이다. 북한에서는 낙엽 진 겨울날 기다란 끈에 방울처럼 대롱대롱 매달려 있는 동그란 열매의 특징을 살려 '방울나무'라 부른다. 양버즘나무보다는 훨씬 아름다운 이름인 것 같다. 세계적으로 가로수로 많이 쓰이고 매연에 강하며 토양 및 공기 정화 능력이 뛰어나다. 빠르게 높이 자라 도시풍경을 웅장하게 만들어준다. 플라타너스(양버즘나무)는 은행나무, 마로니에(칠엽수), 튤립나무(백합목)와 함께 세계 4대 가로수로 꼽는다.

바로 옆 연못에는 애기부들이 바람에 하늘거린다. 밤빛 색깔의 암꽃을 보니 핫도그 생각이 난다. 배가 고플 땐 보지 말아야겠다. 잎이 부들부들해서 부들이란 이름이 붙었다. 애기부들은 노란 빛의 수꽃과 밤빛의 암꽃이 떨어져 따로 달리는데 부들은 붙어서 달린다. 잎은 방석이나 돗자리를 만드는데 사용되고 꽃은 꽃꽂이용으로 사용한다. 화분은 한방에서 '포황'이라 하여 지혈, 통경, 이뇨제로 사용된다. 하천의 수질

정화용으로 갈대와 함께 쓰이며 물의 여과제 역할을 하는 정수식물이다. 꽃말은 '거만'이다.

이렇게 숲에 오면 행복호르몬인 세로토닌이 쏟아지고 면역력이 높아지며 억압된 울증이 사라진다. 이것이 바로 치유의 숲이다. 숲속에 앉아 주변 경관을 바라보거나 걷는 것만으로도 뇌의 전두엽이 활성화되는데 혈압과 스트레스 호르몬의 농도는 낮아지고 면역세포의 일종인 NK(자연살해)세포의 움직임이 활발해진다. 숲의 산소함유량은 도심보다 1~2% 높다. 게다가 공기 1m^3당 먼지숫자도 도시가 10만 개인 반면 숲은 500~2,000개에 불과하다. 숲과 함께 동화하면서 내면을 들여다보며 마음의 균형을 찾는 것이 중요하다. 잠시 도시의 짐을 벗고 숲속의 교향곡을 감상해보길 권한다.

칠엽수, 꽝꽝나무

청명한 가을 아래 나를 깨우다

새벽 초승달 아래 유난히 밝은 별 하나가 반짝인다. 남쪽 하늘이라 북극성은 아닐 테고 무슨 별일까 궁금하다. 혹시 남극성은 아닐까? 남극성은 장수별이라 하던데 초승달이 받치고 있으니 더욱 빛난다. 위쪽에 두 개만 더 별이 나타나면 마음심(心)이다. 달과 별은 무슨 마음일까. 한없이 베푸는 넉넉한 마음이 아닐는지. 문득 『법화경』에서 읽은 '쇠의 녹은 쇠에서 생기지만 차차 쇠를 먹어버린다'라는 구절이 생각난다. 마찬가지로 사람도 마음에 낀 녹을 닦아내지 못하면 그 녹으로 인하여 자신을 먹어버린다. 그만큼 마음은 중요하다.

이른 아침에 마음을 생각하다 보니 무더운 여름철, 마음 넉넉한 일곱 손을 살랑살랑 흔들며 쉼터를 만들어주는 칠엽수가 생각난다. 칠엽수는 활엽수과의 낙엽활엽교목이다. 세계적으로 은행나무, 플라타너스와 함께 가로수로 사랑받는 나무이며, 우리나라에는 1920년대 초 일본에서 들어왔다. 칠엽수의 또 다른 이름인 '마로니에' 하면 프랑스가 연상된다. 파리 북부의 몽마르뜨 언덕과 센 강의 북쪽 강가를 따라 북서쪽으로 뻗어 있는 '낙원의 들판', 상젤리제 거리의 마로니에 가로수는 파리의 명물이다. 엄밀한 의미에서 마로니에는 유럽이 고향인 유럽 마로니에를 말하고, 칠엽수는 일본 원산의 일본 마로니에를 가리킨다. 마로니에는 잎 뒷면에 털이 거의 없고 열매 껍질에 물기가 가시처럼 발달해 있는 반면, 일본 마로니에는 앞뒷면에 적갈색 털이 있고 열매 껍질에 돌기의 흔적만 남아 있을 뿐 거의 퇴화되었다는 것으로 두 나무를 구별한다.

긴 잎자루 끝에 손바닥을 펼쳐놓은 것처럼 일곱 개의 잎이 달려 있어 칠엽수라고 부른다. 가운데 잎이 가장 크고 옆으로 갈수록 점점 작아져 둥글게 모여 있다. 가을에 노란 단풍도 한 몫을 한다. 늦봄에서 초여름 사이 한 뼘 정도 되는 커다란 원뿔 모양의 꽃차례가 나오며 꽃대 한 개에 100~300개의 작은 꽃이 모여 핀다. 마치 케이크에 꽂아 둔 촛불처럼 꽃을 환하게 피운다. 또한 꿀을 생산하는 밀원식물으로도 각광을 받는다. 열매는 가을에 탁구공만 한 크기가 세 개로 갈라져 열리며 흑갈색 둥근 씨가 한두 개 나온다. 한방에서 치료와 예방에 쓰인다. 열매의 영어 이름은 'horse chest nut', 즉 '말밤'이란 뜻이다. 원산지인 페르시아에서 말이 숨이 차 헐떡일 때 치료약으로 쓰여서 생긴 이름이라는 설과 가지에 잎이 붙었던 자리가 말발굽 모양이라서 붙인 이름이라는 설이 있다. 우리나라에서 마로니에라고 심어진 나무 대부분은 마로니에 공원과 관련된 일본 칠엽수다. 본종의 마로니에(서양 칠엽수) 나무는 덕수궁에서 만날 수 있다. 네덜란드 공사가 환갑을 맞이한 고종을 위로하기 위해(헤이그 밀사사건) 선물한 나무라고 하니, 수령이 100년을 훌쩍 넘는 고목이다. 꽃말은 '낭만', '정열', '사치스러움'이다.

다음은 꽝꽝나무다. 꽝꽝나무는 감탕나무과의 상록활엽관목이다. 우리나라 남부지방에서부터 제주도를 지나 일본 남부에 걸쳐 자란다. 얼핏 보면 회양목과 너무 닮아서 일본사람들은 개회양목, 중국사람들은 동청(冬靑)이라 부른다. 회양목은 두 잎이 마주나며 연녹색을 띠는 데 반해, 꽝꽝나무는 두 잎이 어긋나며 약간 젖혀져 있고 짙은 녹색을 띠는데 회양목보다 두텁기도 하다. 또한 꽝꽝나무는 암수가 다른 나무다. 수꽃과 암꽃은 모두 흰색이고 지름이 4mm 정도며 꽃받침 조각이 4개, 열매는 핵과이다. 잎의 앞면은 윤이 나고 짙은 녹

색을 띠는 데 반해 뒷면은 연한 녹색이고 작은 선점(腺點), 즉 작은 샘이 있다.

두툼한 잎을 비닐막이 싸고 있다. 이 나무를 불에 태우면 수막이 터지면서 꽝꽝 소리가 난다 하여 꽝꽝나무가 되었다. 전정(剪定, 가지치기)에 대한 가소성(可塑性, 모양을 만들 수 있는 성질)이 커서 나무를 여러 가지 모양으로 다듬을 수 있고 또한 껍질로 끈끈이를 만들 수 있다. 껍질을 물에 담가 삭힌 뒤 절구로 찧으면 고무질의 물질이 얻어지는데 이것이 끈끈이다. 끈끈이는 파리 등 벌레를 잡는 원료와 반창고의 원료에 넣어 접착력을 강하게 하는 데 쓰인다. 번식은 실생 및 꺾꽂이로 한다. 전북 부안군 중계리의 꽝꽝나무 군락은 분포 북한지로서의 성격도 인정되지만 그것보다 이 군락이 일제강점기 때 천연기념물로 지정될 때는 건생식물(乾生植物) 군락으로 가치가 더 인정되었다. 꽃말은 '굳은 의지'다. 나무 재질이 단단해 붙여진 꽃말인 듯하다.

하늘이 유난히 높고 청명하다. 유리알 같이 맑고 투명한 하늘은 구름 한 점 없는 텅 빈 공간이다. 이기와 집착이 없는 무욕의 하늘이다. 청결한 하늘 아래 붉은 기운을 토해내던 단풍나무도 앙상한 가지에 마른 낙엽을 달고 그 소임을 다해간다. 나무들이 시름시름 앓는 소슬한 가을바람이 분다. 길가에 코스모스도 초췌한 모습으로 쓰러져가고 풀벌레 소리도 쉰 소리를 내며 멀어져간다. 나도 그동안 너덜너덜 몸에 붙어 있던 불필요한 것을 모두 떼어버리고 본성이 나를 깨우는 시간을 가져야겠다. 이 가을 향기에 몽롱하게 취하고 싶다.

꽃무릇, 산벚나무

꽃과 잎이 만나지 못하는 상사화 '꽃무릇'

비 온 뒤라 가을 하늘은 쪽빛 코발트색이다. 중간 중간 하얀 뭉게구름이 멋진 수채화를 그리고 있다. 숲속은 맑고 향기롭다. 어느새 늙어버린 벌레 울음소리가 스산하다. 가을비가 추적추적 제법 많이 내렸다. 나무 등걸을 바라본다. 햇빛을 좋아하는 쭉쭉 뻗은 소나무 가지 사이로 신갈나무가 이리저리 몸을 비틀고 있다. 소나무 가지 사이로 떨어지는 햇빛을 찾아 하늘을 바라보며 자란 때문이다. 언젠가는 도토리 열매로 다람쥐를 키울 꿈이 있기에 햇빛을 찾아 한 평생을 자기 몫만 생각하며 살아가겠지. 저만치 다람쥐가 쪼르르 달아나며 따라오라는 듯 손짓한다. 조금 가다 뒤돌아보고 앞발을

올려보다 다가서면 또 달아난다. 길마중을 하려는 건가? 그 놈, 참 귀엽고 영특하다.

잣나무 숲에서도 청솔모란 놈이 큰 잣 하나를 따서 요리조리 돌리며 혼자서 맛있게 먹고 있다. 다람쥐와 노는 모습이 확연히 다르다. 앞쪽으로 노(老)보살 한 분이 조그만 봇짐을 메고 지팡이에 의지하여 힘겹게 오르막을 걸어 올라가고 있다. 암자에 가는 모양이다. 부처님 뵈오려고 아픈 다리를 이끌고 가는 모습이 그것 또한 불심의 힘인 듯하다. 저 노보살이 바로 부처님이다. 참 보기가 좋다.

길옆에 핀 새빨간 꽃무릇이 화려하게 단장하고 하늘을 향해 너불너불 손짓한다. 꽃무릇은 꽃과 잎이 서로 만나지 못하는 꽃이라 '상사화'라 부른다. 잎은 초봄에 돋아 초여름이면 말라 죽고 그 뒤에 꽃줄기가 올라와 꽃이 핀다. 꽃과 잎이 서로 만나지 못하는 꽃을 뭉뚱그려 상사화라고 하는데 연분홍 꽃이 피는 상사화와 주황빛이 도는 백양꽃이 있다. 백양꽃은 백양산에서 처음 발견되었다고 하여 그런 이름이 붙었다. 빨간색 꽃무릇은 '석산'이라고도 부르며 흔히 절에서 많이 심는다. 이 상사화들은 누구를 향한 그리움이 그리 깊어 서로 만나지도 못하고 그 이름도 애절한 상사화가 되었을까? '견우와 직녀'처럼 일 년에 한 번이라도 만났으면 좋으련만 안타까운 마음이 든다.

상처투성이가 된 산벚나무가 고통과 아픔의 흔적을 딛고 꿋꿋하게 서 있다. 산벚나무는 쌍떡잎식물 장미과의 낙엽교목이다. 매우 추운 지방이 아니라면 우리나라 어느 곳에도 만날 수 있다. 꽃이 먼저 피는 다른 벚나무들과 달리 꽃과 잎이 동시에 피어나는 것이 특징이 다. 거리에 왕벚꽃이 떨어져 흩날릴 때쯤 산벚꽃이 잎과 함께 피어나기 시작한다. 꽃은 2~3송이가 한곳에 뭉쳐서나며 연한 분홍색, 간혹 흰색도 핀다. 도심의 왕벚꽃이 화사한 느낌을 준다면 산벚꽃은 향기도 없으며 맑고 고운 수수한 자태를 풍긴다. 산벚나무의 목재는 아주 치밀하고 단단하며 결이 고와서 글자를 새겨 넣기에 좋을 뿐 아니라 잘 썩지 않아 목판 활자를 만들 때 활판으로 많이 사용한다. 합천 해인사에 있는 팔만대장경 경판에도 많이 사용되었다.

또 산벚나무는 팔방미인 나무이다. 잎은 향수 원료(큐마린향)로, 꽃잎은 약용 효과를 겸한 차로 쓰이고, 열매는 식용 및 약용으로 직접 먹거나 차와 술을 담가 마신다. 목재는 가구, 고급 무늬판 목공품에 쓰인다. 꽃말도 '순결', '절세미인'이다.

나무는 상처가 나면 재빨리 방어물질을 분비해 곤충과 병원균이 내부로 침투하는 것을 막는다. 상처가 아문 자리에는 어김없이 단단한 옹이가 박힌다. 나무에게 옹이는 절체절명의 위기를 잘 넘긴 징표이다. 나무의 향기가 가장 짙은 곳도, 나무 조직 중에서 가장 단단한 부분도 바로 옹이다. 우리도 살다 보면 누구나 지우기 힘든 상처 하나 쯤은 가지게 마련이다. 겉으로 드러나는 것이든 속으로 삭아든 것이든 상처는 잘못 관리하면 덧나기도 하지만 잘 치유하면 더욱 건강하게 살아가는 계기가 된다. 옹이는 고통의 흔적이고 아픔의 흔적이다. 옹이는 또한 텅 빈 공간이다. 여백의 미로 채우고 비우는 과정에 대한 상징이다. 아픔을 통해서 우리는 비움을 배운다. 다 비우고 내려놓았을 때에야 비로소 아픔이 채워진다. 그 빈곳에 아픔을 통해 얻은 삶의 향기를 채우는 것이다. 나도 옹이를 보며 참나(眞我)를 만나야겠다.

오늘도 파란 하늘에 하얀 구름들의 향연을 바라보며 나무에게서 삶의 지표를 배우고 간다. 기분 좋다.

산딸나무, 석류나무

딸기 같은 열매, 십자가 모양 꽃잎 산딸 나무

주룩주룩 가을비 치곤 제법 많이 내린다. 낙엽 지는 나무도 융성한 수풀도 물을 한껏 머금고 다가올 겨울을 준비하느라 한창 바쁘다. 산비둘기도 비를 맞으며 구구댄다. 짝을 찾는 걸까, 짝을 잃어서일까? 유난히도 서럽게 들린다. 까마귀도 덩달아 같이 울어댄다. 계곡의 물소리도 거센 숨결을 가다듬고 힘차게 흐른다. 바람도 파란 가을빛을 안고 분다. 이렇게 자연은 순리에 따라 그 소임을 다하고 있다.

오늘은 산딸나무에 대하여 알아본다. 산딸나무는 층층나무과 층층나무속에 속하는 낙엽활엽교목이다. 경기도 이남 지역에 주로 자생하며 들매나무, 미영꽃나무, 준딸나무, 소리딸나무, 애기산딸나무, 굳은산딸나무 등으로 다양하게 불린다. 원산지는 한국과 일본이다. 산딸나무라는 이름은 열매가 마치 딸기처럼 보여서 '산의 딸기나무'라고 부른 데서 유래되었다고 한다. 10월경 붉은빛으로 익는 산딸나무 열매는 직박구리나 까치 등 새들에게 좋은 먹이가 된다. 초록 물결 출렁이는 5월이면 산딸나무 꽃이 숲길을 환하게 만든다. 언뜻 꽃잎이 네 장인 듯하지만, 꽃잎이라고 부르는 것은 사실 꽃이 아니라 가운데의 아주 작은 꽃을 감싸고 있는 포엽(苞葉)이라는 변형된 잎이라고 한다. 산딸나무 꽃이 아주 작아서 꽃가루받이를 도와줄 곤충들의 눈에 띄기가 어려워 꽃차례를 싸고 있는 잎이 꽃처럼 보이도록 변형되어 벌과 나비 등을 유혹하는 것이라고 한다. 꽃자루가 없으며 작은 가지 끝에 20~30개가 하늘을 향해 모여 달리고 꽃잎과 수술은 각각 네 개씩이다. 백색의 꽃은 십자모양(+)을 이루어 산딸나무의 꽃말인 '희생'을 떠오르게 한다. 예수님이 이 나무에서 운명하셨다 하여 기독교에서 성스러운 나무로 취급하며 기독교인들의 사랑을 받는다. 또한 서양산딸나무 총포에는 못 자국이 네 군데 있는데, 예수님이 산딸나무에게 수고했다며 남긴 정표라고 전해진다.

한자로 사조화(四照花)라고 하는데, 꽃 핀 모습을 보고 '사방을 비추는 나무'로 인식한 것 같다. 여러 가지 복잡

한 색이 섞이지 않아 청순하고 깔끔하다는 느낌을 주는 꽃이다. 꽃이 잎보다 먼저 피며 서양에서는 이 나무를 'dog wood'라고 부르지만 개와 관련이 있지는 않고 단단한 줄기를 단검(Dagger)의 손잡이로 사용하면서 유래했다고 한다. 가지가 층층나무처럼 퍼져 층층나무와 혼동하는 경우가 있다. 그러나 산딸나무는 잎이 마주난다는 점이 다르다. 총포가 넓은 달걀 모양인 것을 '준딸나무', 총포가 꽃이 필 때 녹색이고 피침형인 것을 '소리딸나무'라 한다. 목재는 재질이 단단하고 굳으며 무늬가 좋고 나이테가 치밀하여 조각 및 악기재료 등에 사용되고, 열매는 식용이 가능하다. 요즘은 조경용으로 많이 식재한다. 꽃말은 '희생', '경고'이다.

다음은 석류나무다. 석류나무는 석류나무과의 낙엽활엽 소교목으로 이란지방이 원산지이며 우리나라에는 약 500년 전 중국을 통하여 들어왔다. 석류나무 꽃은 암술과 수술이 한 꽃봉오리에 맺히는 양성화로 자성(雌性)이 퇴화한 수꽃이 5~6월경 가지 끝에 달린다. 꽃받침이 발달하여 꽃 통이 긴 작은 종(鐘) 모양을 이루며, 끝이 여러 개로 갈라지고 여섯 장의 꽃잎이 진한 붉은빛으로 핀다. 이런 꽃 모양을 보고 송나라의 왕안석(王安石)은 '짙푸른 잎사귀 사이에 피어난 한 송이 붉은 꽃'이라고 노래했다. 석류나무 꽃의 아름다움은 오늘날 우리가 흔히 뭇 남성 가운데 한 여인을 말할 때 쓰

는 '홍일점'의 어원이다. 석류 씨앗의 수는 200개에서 1,400개까지 다양하다. 특히 유개백자(榴開百子)라 하여 생남(生男)을 많이 하는 상징이 된다. 열매가 익어가는 과정이 아이에서부터 어른까지 차츰 커지는 음낭의 크기와 그 모양이 닮았다. 열매의 이런 특징은 다산(多產)의 의미와 함께 음낭의 상징성이 있어 옛 여인들의 신변잡품에 다양하게 쓰였다. 조선시대 귀부인들의 예복인 당의, 왕비의 대례복 골무, 안방가구 등에 석류문양이 단골메뉴로 들어갔다. 또 비녀머리를 석류꽃 모양으로 새긴 석류잠을 꽂는가 하면 귀부인들이 차고 다니던 향낭을 음낭을 상징하는 석류나무 열매 모양으로 만들었다.

석류 씨앗은 식이섬유가 많고 고급 지방산이 많이 들어 있어서 씨앗째 씹어 먹는 것이 좋다고 한다. 흔히 여성의 과일이라고 불리지만 남성에게도 매우 좋다. 씨앗을 싸고 있는 막에 천연 에스트로겐 성분이 함유되어 있어 여성의 생리 불순, 탈모 예방, 혈액 순환 등에 효과가 있고 지방 함량도 낮아 다이어트에도 좋다고 한다. 효과가 입증되어 근래엔 방송 등에도 많이 소개되고 있다. 꽃말은 '자손 번영', '원숙한 아름다움'이다.

11월이다. 만물이 몸을 낮추고 경건히 한 해의 마무리 작업에 들어간다. 내 안의 뜰에서 자라고 있는 체면과 꾸밈을 걷어내고 싶다. 격식과 형식에서 벗어나 텅 빈 하늘처럼, 허허벌판처럼 나 자신의 모습을 그대로 드러내고 싶다. 분주했던 마음을 차분히 가라앉히고 자신을 돌아보게 하는 성찰을 할 수 있도록, 삶의 속도를 줄여 나 자신만의 시간과 공간을 마련하고 싶다.

겨울

네 번째

겨울에 만난 나무들

겨울나무는 한동안 지녔던 잎과 열매들을
말끔히 떨쳐버리고 최소한의 양분만 간직한 채
하얀 눈으로 꽃송이를 만들어 우리에게 흰 꽃을 선사한다.
새로운 삶을 가꾸기 위해 묵은 것에 결별하는 것이다.
묵은 것을 버리지 않고는 새 것이 돋아나지 않는다.
세찬 삭풍도 온몸으로 맞으며
인내란 무엇인지를 가르쳐주는 계절이다.
필요 없이 지니고 있는 것은 없는지 곰곰이 생각해본다.

구골나무, 편백나무, 오리나무

황령산의 수목들

차가운 바람이 뺨에 스쳐 따갑다. 지나가는 사람들도 바람을 맞아 볼이 발그레 홍조를 띤다. 오늘은 황령산 나들숲길 2코스 구름길이다. 도시철도 1호선 양정역에서 4번 출구로 나와 동의과학대학교 뒤편으로 올라간다. 초입에 선 구골나무들이 푸른 윤기를 한껏 품고 푸름을 과시하는 모습이 확 들어온다.

구골나무는 구기자 '구(枸)'와 뼈 '골(骨)'로 이름 지은 나무이다. 물푸레나무과의 상록 활엽관목으로 제주도에 많이 분포되어 있다. 늦가을부터 초겨울에 걸쳐 흰 꽃이 피는데 향기가 무척 좋다. 이 꽃 옆에 있으면 사람도 마음을 적시는 향기가 나는 것 같다. 중국에서는 나무의 가시가 고양이 발톱을 닮았다고 하여 '묘아자나무'라 부르며 줄기가 개의 뼈다귀를 닮았다고 구골나무라 부른다. 라틴어로 '꽃에 향기가 있다'는 데서 유래되었다고 하며 정원수나 생울타리로 많이 심는다. 말린 잎을 기준으로 한번에 2~4g 달여 먹으면 암이나 당뇨병, 심장질환을 일으키는 질소산화물을 몸 밖으로 제거하는 효과가 있는 것으로 알려져 있다.

구골나무 군락을 지나니 양 옆으로 작은 편백나무 묘목이 식재되어 있다. 아마도 산불이 나서 소나무와 참나무류가 있던 자리에 보식이 된 것 같다. 불에 그슬린 소나무와 참나무류의 흔적이 아직까지도 곳곳에 남아 있다. 산불은 큰 재앙이다. 작은 실수가 이렇게 큰 자연을 파괴하니 얼마나 무서

운가. 산불조심을 철저히 하여야겠다.

편백은 일본이 원산지로 상록교목이다. 회목(檜木), 히노끼, 노송나무라고도 한다. 잎과 목재에는 1%의 정유가 포함되어 있으며 약용으로 많이 이용하고 일본에서 인기 좋은 수종이다. 편백나무와 비슷한 측백나무, 화백나무 등이 있다. 겉으로 보면 서로 비슷하여 구분하기 힘들지만 잎이나 열매를 보면 쉽게 알 수 있다. 측백은 잎이 앞과 뒤의 모양이 똑같고 편백은 뒷면에 흰 기공선이 Y자 모양으로, 화백은 X자 모양으로 표시되어 있다. 또 편백의 열매는 작은 축구공 모양이나 측백의 열매는 사방에 뿔이 달려 있다.

조금 오르니 황령산 둘레길이 나온다. 이제부터는 된비알이다. 추운 날씨에도 등에 땀이 흠뻑 젖는다. 오래된 오리나

무들이 까만 알사탕 같은 열매만 매달고 우두커니 서 있다. 오리나무는 자작나무과로 키 큰 활엽수이다. 이 나무는 옛날 거리를 나타내는 이정표로 오리(五里)마다 심던 지표목으로 쓰인 데서 그 이름이 유래되었다. 한중일 삼국은 이정목을 각각 심었는데, 한국에서는 5리마다 오리나무, 일본은 1리마다 팽나무, 중국에서는 회화나무를 심었다. 이렇게 나무 이름을 알고 보니 더 의미 있고 재미있다. 오리나무 뿌리는 뿌리혹 박테리아와 공생해서 척박한 토양에서도 잘 자라고 거친 토양을 기름지게 만드는 특징이 있다. 1960년대 말 남부지방에서는 녹화사업으로 많이 심었다. 이때 심은 오리나무를 '사방오리'라고 하며 지금도 남부지방에서는 많이 볼 수 있다. 또한 물감나무라는 별명도 가지고 있다. 나무를 삶으면 붉은색이 나오고 수피에서는 다갈색, 그리고 열매에서는 검은색이 나온다. 수피나 열매에 타닌이 함유되어 있기 때문이다. 간염, 간경화, 지방간 등 간질환 치료에 효과가 뛰어난 약목이다. 또 나무껍질이 촘촘하고 단단하여 가구 재료도로 널리 이용된다.

정상에 오르니 전망데크가 나온다. 데크에서 바라보니 저 멀리 고당봉, 쌍계봉, 백양산, 승학산, 봉래산, 장산 등 부산 시내 높은 산은 모두 한눈에 들어온다. 이렇게 전망이 좋은 이유는 부산 시내의 한가운데에 위치하여 사방의 경치를 볼 수 있기 때문이다.

구상반려암 쪽으로 향한다. 가는 도중에 조릿대 군락을 곳곳에서 만난다. 조릿대 잎과 바람이 어울려 사락사락 멋진 화음을 낸다. 구상반려암에 도착하니 펜스가 쳐진 안쪽에서 어떤 분이 나무를 정리하고 있다. 관리인으로 일하는 유복수 씨다. 그분에게 다가가 구상반려암에 대해 설명을 부탁하니 팸플릿까지 곁들인 상세한 설명이 이어진다.

이 구상은 사람으로 치면 '버짐'이라 한다. 바위 곳곳에 뚜렷한 구상이 눈에 확 띈다. 구상반려함은 1980년 9월 3일 천연기념물 제267호로 지정되었다. 황령산 중턱에 분포되어 있으며 지구 생성 과정 연구에 중요한 자료가 되는 암석군이다. 구상반려암은 세계적으로 희귀하여 8개국 14군데에서만 그 존재가 확인되었는데, 동양에서는 이곳 황령산에서 최초로 발견되었다고 한다. 구상반려암은 약 8천5백만 년 전, 지하 깊은 곳의 마그마가 그대로 굳어서 만들어진 심성암의 일종으로, 광물들이 층을 이루면서 바위 표면에 양파 또는 꽃 모양의 무늬를 그리게 되었는데 이것을 '구상구조'라 한다. 구상구조가 확인되는 노두(露頭)는 여러 곳이며 총 지표면적은 약 0.14㎢로 세계 최대 규모이다. 이곳의 노두는 핵석노두를 포함한 암석군을 보이고 탐스런 미관이 높이 평가된다.

부산에는 국가지질공원이 12군데 있다. 그중 11번째가 황

령산 구상반려암이고 12번째가 화산활동으로 만들어진 다양한 화산쇄설암, 퇴적암, 화강암 등 지질 변천사를 볼 수 있는 백양산 암석군이다. 부산진구에만 두 군데나 된다. 이런 보물을 잘 관리하고 보존해야 하는데 아직은 관리적은 측면에서 볼 때 허술한 점이 많아 보인다. 관리인 유복수 씨에 따르면 곧 구상반려암 주위를 새로 정비할 계획이라고 하는데 기대해 봐야겠다.

방명록에 간단한 소감을 적고 가벼운 걸음으로 부전역으로 향한다. 이렇게 지하철을 이용한 약 두 시간가량의 산행도 권장해 볼 코스이다. 지금 당장 배낭을 메고 도시철도 역으로 향하자. 오늘도 행복의 의미를 알 것 같다.

대나무, 등나무

절개의 상징 대나무

오늘은 백양산 나들숲길 6코스를 걷는다. 겨울바람이 매섭다.

숲길 양옆 벚나무들도 붉게 물들었던 잎을 죄다 떨구고 빈 가지만 묵묵히 찬바람을 맞고 있다. 빈 가지로 묵묵히 서 있는 나무들을 보니 내 자신도 떨쳐버릴 것이 없는지 되돌아보게 된다. 높은 나뭇가지 위에 둥그런 까치집이 세찬 바람에도 끄떡없이 놓여 있다. 까치는 바람이 가장 세게 불 때 집을 짓는다고 한다. 그래서 태풍이 불어와도 잘 부서지지 않는다. 하지만 바람이 세게 불지 않는 날 지어진 집은 쉽게 부서진다. 까치는 암수 두 마리가 각각 번갈아가면서 나뭇가지와 진흙을 물어다가 둥지를 만드는데 출입문을 옆으로 내어 비를 피하는 방식을 택한다. 탁월한 선택이다. 둥지를 짓는 데 걸리는 시간은 대략 40일 정도로 약 2,000개의 나뭇가지를 암수 두 마리가 똑같이 물어다 짓는다. 집이 완성되면 마지막으로 마른 풀과 깃털, 나무뿌리 등을 깔아 따뜻하게 보온한다. 위쪽 지붕은 진흙을 이겨 가지고 방수처리도 한다. 까치는 이렇게 역학 구조학적으로 집을 짓는 최고의 건축사이다. 그리고 까치는 자기 삶에 꼭 필요한 작은 공간만을 차지하고 살다가 자연의 품에 둥지를 돌려주고 미련 없이 가볍게 떠난다. 까치에게 삶의 지혜를 배워야겠다는 생각이 든다.

선암사 경내에 들어가 본다. 대웅전 처마에 달려 있는 풍경이 겨울바람에 맞춰 바람 소리와 함께 멋진 화음을 낸다. 겨울 산사의 대표적인 모습이다. 선암사는 부산의 대표적인 고찰로서 신라 애장왕 4년(803년)에 창건된 동평현에 있었던 견강사였고, 정종 2년(1400년)에 부산포의 동북쪽으로 이건하여 사명을 선암사로 개명하였다. 선암사 하면 근대 불교의 선풍을 진작시키고 중흥시킨 선사로 널리 알려진 혜월선사(1861-1937)가 가장 오래 머물렀던 곳이다. 무소유, 무차별을 몸소 실천한 선사이다. 1920~30년대에 선사가 직접 심고 가꾼 사찰 뒤편 동백나무 군락이 유일하게 남은 선사의 흔적이다. 선사의 비움, 즉 무소유에 얽힌 일화들은 오늘날 귀감이

되고 있다. 대웅전 뒤편 벽면 담장에 송악들이 푸른 옷으로 단장하고 위쪽에는 혜월선사가 심었던 동백나무 고목과 대나무 숲이 푸른 옷으로 포근함을 전하여준다. 한겨울에 녹색천지의 조화이다.

대나무는 절개를 상징하는 나무이다. 대나무가 장마 후에 자라는 놀라운 성장력을 우후죽순(雨後竹筍)이라고 한다. 하루에 30cm까지 자라는 것도 있다. 대나무를 옮겨 심는 날인 음력 5월 13일을 '죽취일(竹醉日)'이라고 불렀다. 대나무가 취한 날이라는 뜻이다. 대나무가 무성하게 자란 곳을 대숲이라 한다. 대나무는 뿌리로 번식하며 꽃이 잘 피지 않는 나무이다. 꽃이 피면 대숲의 대나무 전체가 죽기도 한다. 온 대숲이 사실상 한 뿌리에서 번식했기 때문이다. 대나무를 이식할 때 줄기에 '죽취일'이라고 써 붙인 뒤 옮겨 심었다. 이처럼 조상들은 대나무를 마치 글을 읽을 줄 아는 사람처럼 대우했다. 재미있는 발상이다. 한 뿌리에서 나서 한자리에서만 살다가 꽃핀 후 한꺼번에 죽는 대나무의 절개를 지켜주려고 했던 것이다.

숲길을 따라 어린이공원으로 하산한다. 수원지 연못에 한 무리의 청둥오리들이 짝을 지어 열심히 먹이를 줍고 있다. 이렇게 겨울철새들이 많이 찾아와 쉬다가 다시 날아갔으면 한다.

학생 교육문화회관 앞 등나무로 덮인 퍼걸러(pergola)에 앉아 휴식을 취한다. 등나무는 종려과에 딸린 덩굴식물로서 초여름에 연한 보랏빛으로 피는 꽃이 아름답고 은은한 향기도 좋으며 한여름에는 그늘이 좋아 정원수로 많이 심는다. 생장력이 몹시 왕성하여 덩굴이 200m까지 뻗는 것도 있다. 덩굴은 오른쪽으로만 감겨 올라가는데 도심공원의 정자인 퍼걸러용으로 가장 많이 쓰이며 음지에 약하고 공해에도 약하나 추위나 더위에는 강하다.

등나무에는 혹이 많이 생긴다. 등나무 독나방이 낳은 알의 독 때문에 등나무 줄기가 부풀어 올라 혹처럼 된다. 등나무 혹에서 부화된 애벌레는 등나무 혹을 갉아 먹으며 자란다. 줄기에 달린 이 혹은 암 치료에 효과가 좋은데 등나무 혹에는 등나무가 외부침입자와 싸우면서 만들어낸 면역물질이 많이 들어 있어서 암에도 치료효과가 있는 것으로 알려져 있다. 등나무에 생긴 혹 말고도 소나무나 참나무류 등 어떤 나무에서든지 생긴 혹은 민간에서는 암 치료 약의 재료로 쓰고 있다. 뿌리는 근육통, 관절염에 효능이 좋아 달여 먹는다. 등나무의 잎, 꽃, 덜 익은 씨앗 등도 식용한다. 등나무 새순을 '등채'라 하여 삶아서 나물로 무쳐 먹고 꽃은 '등화채'라 하여 소금물에 술을 치고 함께 버무려서 시루에 찐 뒤 식혀서 소금과 기름에 무쳐 먹는데 옛날 지체 높은 양반들 사이에서 풍류식으로 인기가 있었다.

등나무의 꽃말은 '결속'인데 우리가 흔히 말하는 갈등(葛藤)은 칡 '갈(葛)'자와 등나무 '등(藤)'자의 합성어로, 이들은 상극관계라 같이 있으면 서로 살지 못하기 때문에 유래된 말이다. 그래서 식물이나 사람이나 갈등이 있으면 빨리 풀어야 둘 다 사는 법이다. 갈등의 의미를 되새기며 나 자신도 아직 못 푼 갈등이 있지는 않은지 한겨울 찬바람을 맞으며 곰곰이 생각해본다.

복자기나무, 회화나무

영·좌·우의정 자리에 심었던 회화나무

계곡에 스산한 찬바람이 분다. 계곡의 나무들에게 올 겨울을 잘 준비하라고 일러준다. 나무도 화답한다. 잎을 떨어트린 빈 가지를 흔들며 소리 낸다. 그 많이 울던 새들은 다 어디 가고 조용하다. 겨울의 문턱에 서니 저절로 지나 온 자취가 뒤돌아 보인다. 저 수목들의 빈 가지처럼 허공에 귀를 열어 소리 없는 소리를 듣도록 해야겠다. 겨울의 빈 들녘처럼 우리들의 의식을 텅 비울 필요가 있다.

유난히도 아름다운 단풍을 자랑하던 복자기나무도 미련을 버리지 못하고 가지에 달린 잎들이 바르르 떨고 있다. 나뭇잎들이 애처롭다. 복자기나무는 무환자나무과에 속하는 한국의 대표적인 단풍나무다. 잎은 마주나고 잎자루 하나에 세장이 나는 삼출엽이다. 가지는 붉은 빛이 돌며 겨울눈은 검은색이고 달걀 모양이다. 단풍나무 가족 30여종 가운데 누구보다 개성 있고 아름다운 단풍을 자랑한다. 대부분 안토시아닌 색소를 가진 탓에 붉은색을 바탕으로 하고 있다. 만산홍엽(滿山紅葉), 우리가 흔히 말하는 불타는 단풍을 비롯하여 '온 산에 붉은 색이 가득하다'는 뜻을 가진 홍엽은 이 복자기의 단풍을 일컫는다. 한 개의 꽃눈에서 3~5개의 꽃이 피어나는데 암수딴그루인 경우도 있고 암수한그루인 경우도 있는 재미있는 나무다. 대부분 암수딴그루로 꽃은 잎과 함께 피며 가지 끝의 산방꽃차례에 자잘한 풀색 꽃이 땅을 향해 핀다.

복자기나무는 다른 말로 '나도박달'이라고 부르기도 한다. 예전에 수레바퀴를 만들 때 박달나무를 쓰는 것이 제일 좋았는데, 복자기 역시 견고하고 단단하여 좋은 재료로 쳐서 그렇게 불렀다고 한다. 또 다른 이야기는 복자기 나무껍질이 세로로 얇게 벗겨져서 작은 조각으로 나무껍질이 떨어지는 박달나무와 비슷하게 보였기 때문이다. 세로로 얇게 벗겨지는 복자기나무 껍질은 벗는 것으로 치면 자작나무 못지 않다. 자작나무가 백색 미인이라면 복자기는 주홍색 미인인 셈이다. 또 복자기와 비슷한 나무 중에는 복장나무가 있다.

두 나무는 셋씩 짝을 지어 나는 잎부터 단풍 색까지 아주 비슷하다. 다만 복장나무는 복자기와 달리 잎 가장자리에 잔톱니가 전체적으로 자리 잡고 나무껍질도 대체로 매끄러운 것을 알 수 있다. 복자기나무는 우리나라 산 속 어디에서든 볼 수 있지만 복장나무는 깊은 산 속 정상 부근에서만 드물게 볼 수 있다. 또 수피에서 타닌을 채취하여 염색에 이용하고 목재는 가구재, 무늬합판 등 고급용재로 쓰인다. 꽃말은 '약속'이다.

다음은 회화나무에 대해 알아본다. 회화나무는 콩과에 속하는 낙엽활엽교목이다. 더위가 기승부리는 한여름에 나비 모양으로 연노랑 꽃을 나무 가득히 피운다. 일제히 피는 것이 아니라 조금씩 시간차를 두고 한 쪽은 꽃이 피어나고 일부는 살랑바람에도 후드득후드득 떨어져 나무 아래에 두툼한 꽃덮개를 만들어놓는다. 회화나무 꽃은 그냥 꽃이 아니다. 10~25%에 이르는 '루틴(rutin)'이란 황색 색소로 무장하고 있다. 루틴은 특히 종이를 노랗게 물들이는 천연 염색제로 쓰인다. 또 모세혈관의 강화 작용을 도와 뇌출혈 예방에 효과가 있어 고혈압 약을 만드는 원료로 쓰이기도 한다. 중국이 고향인 회화나무는 상서로운 나무로 생각하여 중국인들도 매우 귀하게 여겼다. 회화나무를 문 앞에 심어 두면 잡귀신의 접근을 막아 그 집안이 내내 평안할 수 있다고 알려져 있다. 옛날 중국 궁궐 건축은 회화나무 세 그루를 심는 것을 원칙으로 했다. 즉, 궁궐 외조(外朝)는 왕이 삼공과 고경 대부 및 여러 관료와 귀족들을 만나는 장소인데 이중 영의정, 좌의정, 우의정의 삼공자리에는 회화나무를 심어 특석임을 나타내는 표지로 삼았다는 것이다. 창덕궁의 돈화문 안에 있는 회화나무 세 그루 역시 바로 외조에 해당하는 곳이다.

회화나무는 전국 어디에서나 심고 있으며 세 그루의 천연기념물과 320여 그루의 보호수 고목나무가 있다. 느티나무, 팽나무, 은행나무와 함께 오래 살고 크게 자라는 나무로 유명하다. 회화나무를 올바르게 키우는 방법도 있다. '삼' 씨와 회화나무 씨를 같이 섞어 심으면 곧게 자라는 삼을 따라 회화나무도 같이 곧바로 자란다. 삼을 베어버리면 회화나무만 남게 된다. 이렇게 묘목을 만들어 필요한 곳에 옮겨 심는다. 지금 본받아도 좋을 만큼 기발한 착상이다. 꽃은 가지 끝에 여러 개의 원뿔 모양 꽃대에 피며 곧 이어서 염주를 몇 개씩 이어 놓은 것 같은 독특한 열매가 열린다. 『동의보감』에서는 회화나무 열매, 가지, 속껍질, 꽃, 진, 나무에 생기는 버섯까지 모두 약으로 쓴다고 했다. 목재는 재질이 느티나무와 비슷하여 기둥과 가구재 등으로 쓸 수 있다. 두 나무를 다같이 '괴(槐)'로 쓴 것은 이렇게 재질이나 쓰임이 비슷한 이유도 있다. 한국은 행운의 나무, 중국은 출세의 나무, 서양에서는 학자의 나무라고 소중하게 여긴다. 꽃말은 '망향'이다.

달력이 덩그러니 한 장 남았다. 한 해가 저물어간다. 백양산 정상에서 솟는 해를 보며 마음 여민 때가 엊그제 같은데 어느덧 끝자락에 와 있으니 시간의 흐름이 참 빠르기도 하다. 12월이면 왠지 마음이 허전하고 아쉽고 반성이 되고…. 아무튼 특별한 달이다. 내년에는 자신의 분수와 속 얼굴을 들여다보는 그런 해가 되도록 마음속 다짐을 해본다.

배롱나무

비움과 버림을 생각하다

12월이다. 어느새 한해의 마지막 달이다. 한해가 기우는 마지막 달이면 자기 몫의 삶을 살고 있는지, 저마다 오던 길을 한 번쯤 되돌아볼 수 있어야 한다.

오늘은 양정에 있는 화지공원으로 향한다. 화지공원 내에 있는 배롱나무는 동래 정 씨 시조인 안일호장 정문도공의 묘소 양쪽에 있는 노거수로, 사다리꼴 모양을 이루고 있으며 수령이 약 800년 정도로 추정된다. 심은 것이 오래되어 원줄기는 죽고 주변의 가지들이 별개의 나무처럼 살아남아 오늘에 이르렀다. 천연기념물 제168호로 지정된, 우리나라에서 제일 오래된 배롱나무이다.

배롱나무는 뜨거운 여름에 꽃피운다. 삼천초목이 모두 초록인 세상에서 배롱나무 꽃은 한층 더 돋보인다. 꽃이 오래 핀다고 '백일홍나무'라 하였고 세월이 지나 '배기롱나무'로 변했다가 지금은 '배롱나무'로 불린다. 꽃 하나하나가 이어달리기로 피기 때문에 100일 동안 피는 꽃으로 착각하곤 한다. 대부분 꽃들은 꽃대마다 거의 동시에 피는 경향이 있으나 배롱나무 꽃은 아래에서부터 위까지 꽃이 피는 데 몇 달이 걸린다. 꽃잎은 6~7장이고 모두 오물조물 주름이 잡혀 있다. 주름꽃잎은 배롱나무의 특허품이라 할 수 있다. 꽃은 자잘한 작은 꽃들이 모여 포도송이가 거꾸로 선 모양으로 주먹만 한 꽃송이를 이룬다. 많은 가지가 옆으로 달려 나무 모양 전체가 부채꼴처럼 보인다.

수피는 연한 붉은 기가 들어간 갈색이고 얇은 조각으로 떨어지면서 흰 얼룩무늬가 생겨 반질반질해 보인다. 이런 나무껍질을 가진 나무를 '파양수(怕癢樹)'라 한다. 노각나무, 버즘나무, 모과나무들도 파양수에 속한다. 또 껍질을 문지르면 잎이 움직인 것처럼 보인다 하여 '간지럼나무'라고도 부른다. 일본에서는 나무타기 명수인 원숭이도 떨어질 만큼 미끄럽다고 하여 사루스베리, '원숭이 미끄럼나무'라고도 부르고 중국에서는 자미성에 많이 심겨져 있어 '자미화'라 부른다. 우리나라 남부지방에서는 귀신을 쫓는다 하여 묘소 주변에 흔히 심는다. 또 배롱나무는 전통가옥과 정자, 서원의 정원에서 자주 볼 수 있다. 한결같이 꽃을 피우는 모습이 충절과 절개를 굽히지 않는 선비와 같다고 하여 선비들이 좋아하는 나무이다. 또 절에서는 배롱나무 줄기처럼 스님들이 속세의 때를 벗고 수도에 정진하라는 의미로 많이 심었다. 요즘은 가로수로도 인기가 많다. 잎은 자미엽, 뿌리는 자미근으로 아

이들의 백일해와 기침에 특효가 있고 목재는 견고하여 실내 장식도구의 재료로 쓰인다. 경상북도의 도화이기도 하며 꽃말은 '떠나간 벗을 그리워함'이다.

화지공원에서 시민공원으로 출발한다. 하얀 에코브리지가 대로 위에 놓여 있다. 에코브리지는 시민공원과 화지산을 연결하는 육교 형태로 만들어진 생태 통로이다. 야간에는 주로 동물의 이동 통로로, 주간에는 공원 이용객의 통로 확보를 위해 만든 현수교 형식의 다리다. 규모는 폭 8m, 길이 56m로 교량 양측에 자연친화적인 식생을 조성하였다. 야생동물의 서식지 단절 및 생태계 파괴를 최소화하기 위해서 조성한 인간과 자연이 공존하는 생태적 공간이다.

에코브리지를 통과하니 자드락 땅으로 된 우거진 대나무

숲이 나온다. 바람에 대숲소리가 을씨년스럽다. 앞쪽을 내려다보니 시민공원이 눈에 확 들어온다. 침엽수는 푸름을 유지한 채 꼿꼿이 서 있고 활엽수는 잎을 다 떨쳐버리고 빈 가지로 묵묵히 서 있다. 일부 나무들은 아직도 낙엽을 매달고 있는데 어쩌면 미련이 많이 남아 있어서는 아닐는지.

나무들이 잎을 미련 없이 떨쳐버리는 것은 새로운 삶을 가꾸기 위해 묵은 것을 결별하는 것이다. 부질없는 가식을 모조리 버림으로써 나무들의 본래 면목을 볼 수 있다. 저 나무들을 바라보면서 우리 삶에서도 버릴 땐 과감히 버리고 복잡한 일은 다 내려놓은 채 잠시라도 쉴 수 있는 여유를 가져야겠다는 생각이 든다.

계단을 내려가니 아담한 숲속 북카페가 나온다. 이 북카페는 하야리아부대가 주둔하던 시절 미군사령관이 사용하던 숙소를 리모델링하여 만들었는데, 위치가 참 좋다. 북카페에 들어가 본다. 최신 도서들이 쭉 나열되어 있고 그 옆에 아담한 티테이블이 놓여 있다. 녹차 한 잔 시켜놓고 책을 고른다. 은은한 녹차 향과 책을 마주하니 이 또한 즐거움을 어디에 견줄 수 있을까.

이렇게 잎에 져버린 숲에서 오후 한때를 보낸 것은 오늘 하루 내 삶의 보람이 아닐 수 없다.

오늘도 숲속 자연에 흠뻑 취한다. 이것이 행복이다.

보리수나무, 붉가시나무

단순히 살아가는 지혜를 깨닫다

기해년, 황금돼지띠 해다. 올해도 새로 산 수첩을 펴놓고 작년 수첩을 한 장 한 장 넘기며 정리해본다. 작년 한 해의 뒤안길을 더듬어보면 후회스런 일과 아쉬웠던 일이 한두 가지가 아니다. 그래도 성실하게 이룬 날들의 일 또한 주마등처럼 뇌리를 스친다. 매년 이렇게 되풀이되는 반성과 다짐이 삶의 깊이를 더하는 계기가 아닐까? 한해를 보내자니 얼마 전 라오스 여행 때 보았던 거대한 보리수나무가 떠오른다.

보리수는 뽕나무과의 활엽수이다. 인도, 네팔, 중국, 남서부 인도차이나반도 원산이다. 키는 30m까지 자라며 인도 보리수나무 또는 인도보리수로 불린다. 석가모니의 보리수와

스리마하 보리는 가장 잘 알려진 보리수 개체들이다. 스리마하 보리는 기원전 288년에 심은 것으로 알려져 있어 밝혀진 가운데 가장 오래된 속치식물이며, 힌두교, 자이나교, 불교에서는 석가모니가 보리수 밑에서 보리(菩提) 곧 깨달음을 얻었다고 해서 보리수를 신성하게 여긴다. 뿌리에 프랑키아(Frankia) 균주가 뿌리혹을 형성, 공생관계를 이룬다. 한국에는 불교와 함께 들어온 것으로 알려졌을 뿐, 언제부터 심기 시작했는지는 확실하지 않다. 석가가 그 밑에서 해탈한 나무라 해서 절에서 주로 많이 심고 있으나 불교에서 말하는 보리수와 다른 나무이다.

석가와 관련된 보리수는 보오나무이다. 이 나무는 인도의 가야산에서 자라는 나무로 사유수 또는 인도보리수라고도 부른다. 보오나무는 상록교목으로 키가 30m에 이르며 잎기부가 꼬리처럼 자라는 특징을 지니고 있다. 또 정원에서 많이 볼 수 있는 뜰보리수가 있다. 일본 특산종으로 관상용 또는 과수로 많이 심는다. 보리수처럼 생겼으나 열매가 커서 재배하기 때문에 뜰보리수라고 하며, 집보리수나무, 참당보리수나무라고도 부른다. 어린 가지는 적갈색의 비늘털로 덮여 있고 뿌리를 '목반하근(木半夏根)'이라 하여 순환계 질병을 다스리는 한방의 약탕재료로 많이 사용한다. 보리수의 꽃말은 '해탈'이다.

다음은 붉가시나무다. 붉가시나무는 참나무과에 속하는

상록활엽 교목이다. 붉가시나무라는 이름은 그 목재가 붉다고 해서 붙여진 이름이다. 우리나라의 난대림을 구성하는 대표적인 상록수로 제주도와 남쪽해안 지방에 주로 분포하며, 육지에서는 전라남도 함평군 대동면이 붉가시나무가 자라는 북쪽 한계선이 되기 때문에 식물 분포학상 보존 가치가 커서 천연기념물로 지정하여 보호하고 있다. 국립산림과학원이 국가 고유의 온실가스 배출 흡수계수를 이용해 침엽수 아홉 종류, 활엽수 여섯 종류의 탄소저장량을 산정한 결과 활엽수인 붉가시나무의 탄소저장량이 가장 높았다. 침엽수 중에는 해송이 가장 높게 나타났다. 붉가시나무의 헥타르(ha)당 연간 이산화탄소 흡수량은 중형 자동차 세 대가 1년 동안 배출하는 이산화탄소량을 상쇄하는 효과와 같다고 한다. 또 기후변화 시나리오에 따르면 지구온난화로 인한 기온 상승으로 신갈나무, 굴참나무 등의 참나무류와 붉가시나무, 구실잣밤나무, 동백나무 등과 같은 난대 상록 수종의 분포면적이 확대될 것으로 전망된다고 한다.

참나무류에는 겨울에 잎이 떨어지는 낙엽활엽수인 상수리, 굴참나무, 떡갈나무, 신갈나무, 갈참나무, 졸참나무의 참나무 육형제와 일 년 내내 잎이 지지 않는 상록활엽수의 붉가시나무, 가시나무, 종가시나무, 졸가시나무가 있다. '가시'라는 접두어는 열매를 '가시'라고 하는 데서 유래되었다. 붉가시나

무는 목재가 무겁고 잘 쪼개지지 않을 뿐 아니라 보존성이 좋고 잎의 질감이 어느 것보다 좋으며 맹아력이 강하다. 제주도 한라산 성판악 남쪽에서 표고 600m 지점 길가에서 옛 모습을 간직한 붉가시나무 두 그루를 볼 수 있다.

성지곡수원지 왼편 옆 도로에 옹이를 간직한 붉가시나무가 나를 쳐다본다. 아픈 흔적을 봐 달란다. 옹이는 지나간 흔적을 말해준다. 옹이는 고통의 흔적이고 아픔의 흔적이다. 나무의 향기가 가장 깊은 곳과 나무 조직 중에서 가장 단단한 부분은 바로 옹이다. 가지가 잘려나가면 나무는 재빨리 방어 물질을 분비해 곤충과 병균이 내부로 침투하는 것을 막는다. 상처가 아문 자리에는 어김없이 단단한 옹이가 박힌다. 나무에게 옹이는 절체정명의 위기를 잘 넘긴 징표다. 살다보면 누구나 지우기 힘든 상처 하나 쯤은 간직하게 마련이다. 겉으로 드러나는 것이든 속으로 삭아든 것이든 상처는 잘못 관리하면 덧나기도 하지만 잘 치유하면 더욱 건강하게 살아가는 계기가 된다. 옹이는 텅 빈 공간이다. 여백의 미로 채우고 비우는 과정에 대한 상징이다. 아픔을 통해서 우리는 비움을 배운다. 다 비우고 내려놓았을 때에 비로소 아픔은 채워진다. 그 빈 곳에 아픔을 통해 얻은 삶의 향기를 채우는 것이다. 새삼 법정스님의 무소유가 생각난다.

올 한해도 단순하고 간소한 삶을 보내기를 소망해본다.

태산목, 백당나무

담장의 군왕같이 위풍당당한 태산목

2월이다. 수명이 가장 짧은 2월을 맞이한다. 1월에서 하루를 보태고 3월에서 하루 빌리면 그래도 30일은 채우게 된다. 1월이 이끌어주고 3월이 밀어주니 이 얼마나 행복한가!

3월에게는 봄을 선사하고 1월의 혹독함을 모두 포용하면서 마지막 꽃샘추위 시샘을 한번 부려본다. 새로운 시작을 알리는 3월을 준비하는 2월은 항상 가슴 설레는 달이다. 겨우내 움츠렸던 만물의 고요함이 서서히 눈 비비고 일어나 세상을 향해 걷기 시작하는 달이기도 하다. 2월은 부족하지만 마음은 항상 풍요롭다.

오늘은 태산목에 대해 알아본다. 태산목은 목련과에 속

하는 상록활엽교목이다. 꽃은 5~6월에 백색으로 개화하는데 목련에 비하여 꽃이나 잎이 크기 때문에 태산목이라 불리며 양옥란, 양목란, 큰목련꽃 등의 이명이 있다. 북미 원산이며 키는 20m 정도 자라고 세계에서 가장 오래된 조경수 중의 하나다. 꽃이 아름답고 향기도 좋은 상록수이지만 추위에 약하여 우리나라에서는 주로 남부지방에서 정원수나 공원수로 식재한다. 대기오염 물질인 아황산가스(SO2)에도 강하기 때문에 도시의 가로수나 공장지대의 조경수로 심기도 한다. 또한 염분에 강하고 방풍능력이 탁월하여 해변의 유원지나 관광지에 식재하기도 한다. 미국에서는 '잭슨목련'이라 부른다.

태산목은 위엄 장중하며 순결하고 깨끗함을 본받아 언제 어느 곳에서나 존경받는 지성인이 되도록 노력하는 상징적 의미를 가진 나무이기도 하다. 가히 고결한 청백리 군자상이라 아니 할 수 없다. 두터운 잎은 변함없는 덕망의 소유자를 상징하며 미풍에 흔들리지 않는 강직한 성품이면서 하늘을 우러러 뭉게구름 넋을 불러 꽃으로 피게 하는 듯하다. 화중지왕(花中之王)이란 꽃 중의 왕으로서 목단과 태산목을 일컫는다. 목단은 작은 키에 붉고 아담한 화단의 여왕 같고 태산목은 장엄한 담장의 군왕 같기도 하다. 목단은 자주치마에 고름 풀고 있는 소녀 입술의 미소 같다고 한다면, 태산목은 다듬질한 명주 두루마기를 입은 신동이 달밤에 춤을 추는 동안(童顔) 같기도 하다. 표현이 참 아름답다. 꽃말은 '자연의 애정', '위엄'이다. 나무가 워낙 크고 생김새가 위풍당당하기 때문에 붙여진 꽃말인 듯하다.

다음은 백당나무다.

백당나무는 키가 3~5m 정도 자라는 작은 나무이며 밑에서부터 줄기가 갈라져 포기처럼 자란다. 아이 손바닥만 한 잎은 달걀 모양이며 흔히 셋으로 갈라지고 불규칙한 톱니가 있는 것이 특징이다. 긴 잎자루 끝에 잎이 달리는 부위에는 가끔 꿀샘이 있어서 개미가 꼬이기도 한다. 초가을에 들어서면서 잎은 빨간 단풍으로 물들고 콩알 굵기만 한 열매는 빨갛게 꽃자리마다 수없이 열린다. 즙이 많아 먹을 수 있지만 맛이 시큼하여 사람은 거의 먹지 않는다. 겨울 내내 열매가 그대로 달려 있는 것으로 보아 산새들도 그리 좋아하지는 않는 것 같다. 그러나 유럽과 시베리아에서 자라는 서양백당나무는 열매로 젤리를 만들고 껍질은 이뇨제로 쓴다. 늦봄이나 초여름에 피는 꽃은 화려하지는 않아도 꽃이 피는 모양새가 특이하여 우리의 관심을 끌기에 충분하다. 가지 끝마다 황록색의 자잘한 진짜 꽃 수십 개를 가운데다 동그랗게 모아두고 가장자리에 큰 동전만 한 새하얀 가짜 꽃이 흰나비가 날개로 감싸듯 에워싸고 있다. 달리 보면 흰 접시에 음식을 가득 담아둔 모습이다. 그래서 북한에서는 '접시꽃나무'라고 부른다. 가장

자리를 둘러싸고 있는 꽃 하나하나는 아래가 붙어 있는 통꽃인데 가운데는 당연히 있어야 할 씨방이나 암술, 수술 모두 없다. 그래서 이런 꽃들은 무성화, 중성화, 꾸밈꽃(장식화) 등 여러 가지로 불린다. 한마디로 생식능력을 잃어버린 '석녀(石女) 꽃'이란 뜻이다.

무엇하려 쓸데없는 석녀 꽃을 피우는 것일까? 이는 안쪽의 진짜 꽃에 곤충이나 나비가 쉽게 찾아올 수 있도록 새하얀 큰 꽃잎을 수평으로 활짝 피워 더 크게 더 넓게 보이기 위함이다. 마치 '손님아, 내가 석녀임에 실망 말고 안으로 들어오렴. 암술, 수술 다 갖추고 달콤한 꿀도 있는 꽃이 잔뜩 있으니 제발 떠나지 말아다오' 하는 애원을 담고 있는 듯하다. 이처럼 치열한 숲속의 경쟁에서 살아남기 위해서는 나름대로 생존 전략이 있어야만 멸종의 길을 피해갈 수 있다. 백당나무 꽃이 가지 끝마다 피어 있는 모습을 옆에서 보면 하얀 꽃 두름이 마치 작은 단(壇)을 이루는 것 같다. 그래서 '백단(白壇)나무'로 불리다가 백당나무가 된 것으로 짐작된다. 꽃말은 '마음'이다.

마음은 팔 수도 살 수도 없지만 줄 수 있는 보물이다. 나눌수록 커지는 것이 마음이다. 소심소고(素心溯考)라는 말이 있다. '소박한 마음으로 돌아가 다시 깊이 생각해본다'는 뜻이다. 내가 내 마음을 사랑하고 믿는 이유가 여기 있고 내가 내 삶을 아끼고 귀하게 여기는 이유도 여기 있다. 그러면 내 안에 문제와 해답이 있음을 알 수 있다. 우리의 삶은 세상에 하나밖에 없는 그 무엇과도 바꿀 수 없는 너무나 소중한 존재이다.

이제부터라도 내 삶을 깊이 유추하는 계기로 삼아야겠다.

은행나무, 팽나무

겨울의 끝자락에서 봄을 부르며

파란 하늘엔 제트기가 지나간 하얀 자국이 멋진 포물선을 그리고 있다. 매섭던 칼바람이 요즘 많이 진정된 것 같다. 머지않아 봄이 인사를 하려나? 성급한 몇몇 개나리가 노란 옷을 갈아입고 맵시를 뽐내고 있다. 온난화 영향으로 일찍 겨울이 오더니 봄도 일찍 오려는 모양이다.

봄! 생각만 해도 마음이 설렌다. 모든 만물이 꿈틀꿈틀 기지개를 켜는 봄, 바람도 물도 흙도 나무도 다 움츠렸던 몸을 열심히 열겠지. 노란 개나리를 보니 범어사 경내에 있는 오래된 은행나무가 생각난다. 모든 풍파를 견디고 오랫동안 절을 지켜보고 있는 모습이 큰 바위 얼굴 같다. 절을 찾아온 많은 사람들이 치성을 드리며 소원 성취를 비는 수호목으로서, 범어사 역사를 한자리에서 보아온 장수목이다.

은행나무는 좀 독특한 나무이다. 나무를 잘라 현미경으로 들여다보면 세포 속에 독특한 모양을 한, 머리카락 굵기의 1/10 정도 되는 작디작은 보석을 볼 수 있다. 이것은 수산화칼륨이 주성분인데 현미경 아래서 영롱한 빛을 내어 은행나무에 또 하나의 신비로움을 더한다. 고목 은행나무에는 유주(乳珠)라는 특별한 혹이 생기기도 한다. 그 모양새가 여인의 유방을 닮았다고 하여 붙여진 이름이며, 공기뿌리와 비슷한 기능을 한다. 이뿐만이 아니다. 암수가 다른 나무로 진기하게도 수꽃에는 머리와 짧은 수염 같은 꽁지를 가지고 있는 정충이 있다. 그래서 동물의 정충처럼 비록 짧은 거리지만 스스로 움직여서 난자를 찾아갈 수 있는 특별한 나무이다. 또 은행잎은 항균 성분이 포함되어 있어 병충해가 거의 없다. 그 성분이 징코민이다. 징코민은 혈액개선제로 널리 사용된다. 우리나라에서는 약 800그루 고목이 전국에서 보호수로 지정되어 있는 장수목이며 화석나무이다.

다음은 팽나무에 대하여 알아보자. 팽나무는 느릅나무과 낙엽활엽교목으로 전남, 경남, 제주 등 따뜻한 남부지방에 많이 자란다. 그리고 곰솔과 함께 짠물과 갯바람을 버틸 수 있는 나무로 해안가에 많이 분포되어 있다. 또 농가에서는 봄

에 일제히 잎이 피거나 윗부분부터 싹이 트면 풍년, 그 반대일 때는 흉년으로 기상목 역할도 한다. 팽나무의 속명은 셀티스(Celtis) 고대 희랍어로 '열매가 맛있는 나무'란 뜻으로 열매가 달콤해서 새들이 무척 좋아한다. 오랜 세월 동안 한곳에서 많은 생물을 부양하는 셈이다. 가난하던 시절의 시골 아이들에게 팽나무는 좋은 장난감 재료였고 그 주위의 모든 곳이 놀이터였다. 가을에 잘 익은 열매는 배고픈 아이들의 좋은 간식거리였다. 가을에 열리는 콩알만 한 열매를 따다가 작은 대나무로 팽총을 만들어 쏘면 '팽' 하고 소리가 난다 하여 팽나무라 한다. 또 나무가 갈리지는 일이 없어서 가구재, 운동기구재로 많이 쓰이며 특히 조금만 물기가 있어도 검푸른 곰팡이가 끼고 곧 썩기 시작하는 재질의 특성 때문에 청결을 제일로 하는 도마의 재료로 가장 좋다.

옛 문헌에 소나무, 참나무, 팽나무에서 나는 버섯은 독이 없다고 전한다. 그만큼 사람에 좋은 나무이다. 우리나라는 5리마다 오리나무, 10리마다 시무나무로 이정표 나무를 삼았는데, 일본에서는 동경 일본교를 기점으로 1리마다 일리총(一里塚)을 만들어 길손이 거리를 알 수 있게 하고 잠시 쉬어가는 휴게시설에 이 팽나무를 심었다. 팽나무 하면 제주 명월리 팽나무길을 꼽을 수 있다. "팽나무 길을 걷는다"라는 말보다 "팽나무 따라 걷는다"라는 말이 더 어울린다. 제주방

언으로 '폭낭'이라 부른다.

이렇게 나무는 항상 우리 곁에 저마다의 그 자리에 있다. 주변에 무심히 서 있는 나무를 만져보고 느껴보자. 내가 나무가 되어보고 나무가 다시 내가 되어보는 물아일체(物我一體)의 경험으로 나무가 내쉬는 날숨에 포함된 산소가 나의 들숨이 되고, 또한 나의 날숨에 포함된 이산화탄소가 나무의 들숨으로 바뀌는 걸 경험해보면, 어느새 나무와 나는 한 몸이 되어가고 있음을 느낀다. 나무에게 배우는 가장 소중한 교훈 중 하나는 바로 자리를 탓하지 않고 주어진 자리에서 자리이타(自利利他)의 삶을 평생 살아간다는 것이다.

이렇게 자신이 한 번씩 나무가 되어보는 연습도 삶의 지혜가 아닐는지.

다섯 번째

잡동사니 이야기들

고희에 올라 그동안 꾸준히 운동하고 틈틈이 생각한
잡동사니 이야기들을 모아 정리해보았다.
쓰고 보니 미숙한 점, 아쉬운 점이 한두 가지가 아니다.
어쩌랴. 필력을 탓할밖에.

야간 산행, 500회를 오르다

야수산행 팀의 달빛 나들이

올 여름은 무던히도 더웠다. 전국이 폭염에 휩싸였다. 부산 기온이 지난 8월 14일 기준, 기상관측 사상 처음으로 112년 만에 37.3도까지 올랐다고 보도했다. 연일 폭염과 열대야에 리우올림픽 중계까지 밤에 잠을 설쳐 심신이 지쳐 있다. 그러나 '야수산행' 팀은 더위도 아랑곳 하지 않고 꾸준히 산행했다.

그리고 드디어 해냈다. 야간 산행 500회 차다. 2007년 1월 31일 시작하여 2016년 8월 31일자로 500회이다. 근 10년을 한 주도 빠지지 않고 매주 수요일 저녁 7시에 만나 두 시간가량 부산 시내 전역의 산을 야간 산행했다. 비가 오나 눈이 오나 바람이 불어도, 신념 하나로 똘똘 뭉쳐 해냈다. 대단한 기록이다. 아마 전국에서도 처음이 아닐까 생각한다. 회원은 22명으로 매주 참석하는 고정 인원은 평균 12명 정도이다. 공식 명칭은 '야수산행'이다. 매주 수요일 야간에 산행한다고 야수산행으로 지었다. 참석 인원 구성원은 의사, 교수, 회사원, 자영업자 등 매우 다양하다. 그리고 매주 수요일에 야간 산행을 하고 한 달에 한 번씩은 토요일이나 일요일을 택해 전국 주요 산도 테마 산행을 한다. 이렇게 한 달에 5~6번씩 산행을 하니 산행하는 날은 회원들의 얼굴만 보아도 기분이 좋다. 산행 후 하산 지점 근처 맛집을 찾아 하산주와 함께하는 식사는 은근히 기다려지는 또 하나의 즐거움이다.

500회 차 산행은 부산의 진산 금정산 고당봉을 택했다. 부산에서 제일 높은 801.5m이다. 고당봉은 전국 주요 산들 가운데 제일 먼저 해가 뜬다. 2000년 1월1일 새천년 해돋이 시각을 보면 경주 토함산(7시 27분 13초), 지리산 천왕봉(7시 29분 20초), 태백산(7시 29분 54초), 설악산 대청봉(7시 34분 4초)인데, 금정산 고당봉은 7시 26분 55초로 어느 지역 산봉우리보다 해가 빨리 떴다. 그래서 부산의 진산이고 부산시민이 가장 많이 찾는 명산이다. 그런데 얼마 전 8월 1일 오후 4시 30분경 벼락을 맞아 고당봉 정상 표지석이 깨어졌다. 표지석이 깨어지기는 전국에서 처음 있는 일이라고 국립관리공단에서 말한다. 부산일보사와 금정구청이 주관하여 부산시민의 성금을 모아 표지석을 새로 제작할 예정이라고 한다. 이 사실이 보도된 후 벼락 맞은 나무와 돌을 만지면 기를 받는다는 소문이 퍼져 전국 각지에서 표지석을 만지려고 많이 찾고 있다. 우리도 깨어진 표지석을 중심으로 기념 촬영을 한 후 표지석을 안고 모두들 기를 받았다. 1,000회를 향하여 다짐하면서 두 주먹을 불끈 쥔다.

500회 동안 오면서 우여곡절도 참 많았다. 추석이나 명절이 수요일이 되어도 4~5명 정도는 꼭 참석하여 회차를 이어갔고 또 태풍이 와서 고생한 적도 있으며, 산행길을 찾지 못해 헤맨 적도 한두 번이 아니었다. 이러한 야간 산행의 묘미는 낮에 쌓인 스트레스를 풀고 스스로 자기성찰의 시간을 가질 수 있는 힐링수단이라는 점이다. 캄캄한 산길을 손전등에 의지한 채 조용히 걷다 보면 서로에 대한 배려도 배우고 스스로 자기 자신을 한 번 더 돌아보게 된다. 다들 야간 산행이 위험하지 않느냐고 물어보지만 집중하여 걷게 되니 오히려 주간보다 덜 위험하다. 요즘 산돼지 출몰이 잦아 걱정되지만 지정된 등산로만 다니면 별 문제가 되지 않을 듯하다. 또한 산 정상에서 보는 부산 시내 야간 경관이 환상적이다. 대표적인 곳으로 황령산 봉수대에서 바라본 광안대교의 화려한 조명 불빛과 센텀시티 고층 빌딩의 야경이다. 또한 영도 봉래산에서 본 오징어잡이 배들의 환한 집어등도 일품이다. 금정산 제3망루에서 바라본 야경 또한 압권이다. 오륜대를 비롯하여 고속도로 불빛, 부산 시내 도심의 불빛이 보석을 뿌린 듯 무수한 별들의 은하수처럼 흘러 황홀하다. 한 폭의 그림을 보는 것 같다.

백양산, 장산, 승학산, 엄광산, 배산 등 부산 시내 어느 산에 오르더

라도 부산에서만 즐길 수 있는 환상적인 멋진 야경을 감상할 수 있다. 또한 보름달이 떠오르는 날의 야간 산행은 손전등을 끄고 달빛에 의존하여 걷다 보면 호젓한 감상에 빠지게 된다. 달빛 정기를 흠뻑 받을 수 있는 달빛기행이다. 이렇게 야간 산행에 매료된 회원 모두는 매주 수요일이 빨리 왔으면 하고 기다리게 되는 '수요병'에 감염되어 있다. 400회차 때는 부산일보 전면에 소개되기도 했다.

오늘도 회원 모두는 1,000회를 향해 배낭을 꾸려본다.

말(言)

말의 힘을 깨닫고 지켜가는 삶

우연히 아들 방에 들렀다가 책상에 적혀 있는 '삼사일언(三思一言)'이란 글자를 보았다. 평소에 내가 좋아하는 문구다. 세 번 생각하고 한 번 말하라. 말은 한 번 뱉고 나면 주워 담을 수가 없기 때문이다. 그러니 함부로 할 수 없다. 그 말로 인하여 누에가 자신이 뽑아낸 고치에 갇히듯이 갇히게 된다. 왜 하필 이 문구를 적어 놓았는지 물어보려다가 그만두었다. 아니, 물어 볼 필요도 없다. 모든 일에 신중을 기하기 위하여 자기 자신을 관리하자는 생각일 것이다.

우리는 하루종일 수많은 말을 하고 산다. 말은 무서운 존재다. '곰은 쓸개 때문에 죽고 사람은 혀 때문에 죽는다'는 격언이 생각난다. 또 옛말에 '세치 혀로서 다섯 자의 몸을 살리기도 하고 죽이기도 한다'는 말이 있다. 간절한 말씀이다. 절에 가면 '삼함'이라고 쓴 표지가 큰방에 붙어 있는데 입을 세 번 꿰매라는 뜻, 즉 말을 삼가라는 교훈이다. 말수가 적어야 한다. 그래야 쓸데없는 헛소리를 덜 하게 되고 말의 의미가 안으로 여물게 된다. 제3자에게 말 한마디 잘못하여 정치 생명이 끝나는 정치인도 있고, 말 한마디가 구설수가 되어 영원히 몰락하는 사람들도 수없이 본다. 가만히 생각해보니 나 역시 이제껏 살아오면서 말 한마디의 실수로 상대방의 가슴에 상처를 준 적이 여러 번 있었고, 나도 다른 사람의 말에 상처를 받아 미움과 분노를 느낀 적이 여러 번 있었다. 남에게 나쁜 말을 하면 꼭 부메랑이 되어 자기에게로 돌아온다는 것을 알아야 한다. 가까운 사람일수록 말을 조심해야 한다.

초기 불교 경전인 『수파니타파』에 이런 구절이 있다.

사람은 태어날 때 입안에 도끼를 지니고 나온다. 어리석은 사람은 말을 함부로 함으로써 그 도끼로 자기 자신을 찍고 만다.

자신의 영혼을 맑게 하기 위해 매주 월요일을 침묵의 날로 지켰던 마하트마 간디는 "먼저 생각하라. 그런 다음 말하라. 그리고 '이제 그만'이라는 소리를 듣기 전에 그쳐라. 사람이 짐승보다 높은 것은 말하는 능력을 지녔기 때문이다. 그러나 이런 능력을 부당하게 행사하는 짓을 서슴지 않는다면 그런 사람은 짐승보다 못하다"라고 말하였다. 말은 그 사람의 꼴이다. 사람의 얼굴에는 눈이 두 개 있고 귀도 양쪽에 달려 있는데 입은 하나밖에 없다. 많이 보고 두루 듣고 적게 말하라는 뜻일 것이다. 만약 입이 두 개라면 세상이 얼마나 시끄러울 것인가.

말은 향기가 나야 하고 아름다움이 묻어 있어야 하며 힘이 실려 있어야 한다. 긍정적인 말을 계속하거나 부정적인 말을 계속하면 동식물이나 미생물까지에도 영향을 미친다고 하니, 말의 힘을 새삼 느낀다. 일례로 물컵에 양파를 넣고 한쪽은 긍정적인 말을 계속하고 다른 한쪽은 부정적인 말을 계속한 실험이 있다. 긍정적으로 말을 많이 들은 양파는 튼튼하게 자라고 부정적인 말을 많이 들은 양파는 부실하게 자란다는 재미있는 실험 결과가 나왔다. 이스라엘 부모들은 아이들이 말의 뜻도 모를 때부터 "네, 할 수 있어요(Yes, I can)"라는 문장을 입에 달고 산다고 한다. 하루에 몇 번씩 "네, 할 수 있어요"라는 말을 듣고 따라하면서 아이들의 머릿속에 "네, 할 수 있어요"라는 말이 저절로 심어지고, 자연스럽게 자신감을 갖게 된다는 것이다. 전 세계 인구의 0.25%에 불과한 소수민족인 유대인의 일인당 소득이 비유대인의 두 배에 달할 정도로 부(富)는 물론이요, 노벨상 전체 수상자의 27%를 차지할 정도로 정치계, 학계 등 모든 분야를 장악하는 힘을 보여주는 배경에는 이처럼 어릴 때부터 머릿속에 심어진 '말의 힘'이 크게 작용하는 것이다.

우리는 인생을 살아가면서 수많은 과제들과 부딪히게 된다. '나는 할 수 없어', '나는 안 될 것이야'라는 말보다는 '나는 반드시 할 수 있다'는 확신의 말과 자신감을 갖고 부딪쳐 나가야 한다. 아메리카 인디언의 격언 중에 '어떤 말을 만 번 이상 되풀이하면 반드시 미래에 그 일이 이루어진다'고 했다. 격려의 말, 칭찬의 말, 축복의 말은 하늘의 언어이다. 칭찬에 발이 달려 있다면 험담에는 날개가 달려 있는 것이다. 듣기 좋은 말보다 마음에 남는 말을 하고 서로 격려하고 배려하고 감사하는 말을 많이 하여야 한다. 법정스님께서는 '항상 적게 말하고 많이 들어라, 이것이 삶의 지혜이고 단순하게 사는 삶이다'라고 말씀하셨다. 자신의 입을 잘 지킬 때 사람과 인과관계도 잘 지켜질 것이다.

새벽달

새벽달 아래 그리운 사람을 생각하다

한참을 잠을 뒤척이다 눈을 뜨니 간밤에 무슨 꿈을 꾸긴 꾸었는데 도무지 생각이 나지 않는다. 꿈의 잔영이 쓸쓸히 가슴에 남아 있다. 창문을 열어보니 하얀 새벽달이 나를 반긴다. 입 꼬리를 살짝 걷어 올리고 나를 보고 웃고 있다. 나도 따라 웃어본다. 말동무가 되어 달란다. "잠 잘 잤느냐" 인사를 한다. 이런저런 말을 두런두런 나눈다. 새벽달을 맞이하는 것은 참 오랜만이다. 또 이렇게 새벽에 보는 달은 더 예쁘다. 달을 보면 왠지 푸근한 맘이 든다. 속 얘기를 다 털어놓고 대화하고 싶어진다. 진정으로 마음이 통하는 그런 대화다. 멀리 있는 죽마고우와 속 깊은 이야기가 하고 싶고 그리움이 묻어 있는 옛날 애인을 만나 못다 한 속내를 털어놓고 싶고 좋아하는 동생을 만나 막걸리 한잔하면서 세상 돌아가는 이야기도 하고 싶고 배려 깊은 형님과 옛날 푸근한 회고의 정을 불러일으키는 세상사 이야기도 나누고 싶다. 나도 이젠 이순을 지나 고희가 가까워오니 모든 것이 그립고 만나고 싶어진다.

그리울 때 만나고픈 사람을 만나야 한다. 만나서 정(情)을 나누어야 한다. 세월의 더께가 쌓일 때 정도 함께 쌓인다. 정이 쌓인 사람들이 주마등처럼 스쳐 간다. 항상 웃는 얼굴로 행복을 주는 지인, 언제나 마다않고 연락만 하면 소주잔을 기울여주는 죽마고우, 텁털하면서도 억센 사투리로 정감을 불어넣는 후배, 두 달에 한 번 꼴로 잊지 않고 세상사 회포를 풀어주는 인생 선배, 항상 눈에 아른거리는 첫사랑 여인도 자꾸 보고 싶다. 나도 이렇게 남이 그리워하는 사람이 되고 싶다.

사람의 실체는 떠난 자리가 향기가 남아야 한다. 앞모습보다 뒷모습이 아름다워야 한다. 이젠 서서히 거추장스러운 옷을 하나씩 벗고 맨몸으로 있는 그대로 보여야겠다. 지난 상처나 흔적도 보이고 하얀 백발도 피부도 쭈글쭈글 골이 파여도 있는 그대로 보이고 싶다. 이젠 삶의 추도 느슨하게 하고 느슨한 삶이 녹슬지 않도록 조금씩 천천히 닦아주고 미움의 부피를 줄이고 마음에서 불필요한 것을 모두 떼어야겠다. 이젠 나의 꽃을 피우고 싶다. 서리가 내리고 나서 피는 국화처럼 외부를 향해 하나둘씩 열어두었던 것을 닫으며 내면의 뜰을 넓혀 나가야겠다. 그러므로 영혼의 뜰이 한 뼘쯤 넓어진다. 새들도 죽을 때 우는 소리가 가장 빼어나다. 나이 들어 제일 어려운 것은 사랑의 축척보다 미움의 부피를 줄이는 일이다.

출근의 즐거움

자연 속에서 만나는 벗들

나는 매일 6시 30분에 개금동 집을 나선다. 금정산 북문 옆 탐방지원센터에 출근하기 위해서다. 집을 나선 후 지하철을 타고서 범어사역에 도착하면 먼저 <범어사 역사문화 체험누리길>을 걷는다. 초입부터 높이가 20~30m는 족히 되는 쭉쭉 뻗은 편백나무가 나를 반겨주는 게 유난히도 아침의 상쾌함이 느껴진다.

옆 쪽 바위 사이로 흐르는 물소리, 바람소리와 산비둘기, 박새 그리고 이름 모를 새들의 소리가 요란스럽게 들려온다. 편백나무는 피톤치드를 가장 많이 발생하여 힐링하기가 아주 좋은 곳이다. 이렇듯 숲의 기능은 산소를 만드는 기능, 공기를 정화하는 기능, 녹색댐 기능, 동물들의 거주지 기능, 의식주를 제공하는 기능, 휴양의 기능 등 다양하다.

약 40분가량을 꾸준히 걷다 보면 온몸이 땀에 흠뻑 젖는다. 어느덧 범어사 절에 도착이다. 절 입구의 화행교(化行橋)를 지나면 굴참나무와 팽나무가 부부로 맺어진 연리목(連理木)이 눈에 들어온다. 각각 다른 수종의 나무가 서로 영양분을 나누어주면서 줄기가 붙어서 정답게 살아가는 모습이 너무 보기 좋다.

인간도 다툼 없이 저렇게 정답게 살면 얼마나 좋을는지 생각해보며 바로 옆 등나무 군락지로 들어가 본다. 약 500여 그루의 등나무들이 군락을 이루고 있고 등나무 외에도 280여 종의 나무들과 희귀식물들이 식생을 이루고 있어 원시림을 방불케 하는 소중한 우리의 자연유산이다. 5월 초순경 등나무 꽃이 한창 필 무렵에는 마치 여름날의 뭉게구름이 피어오르듯 장관을 이룬다 하여 이 계곡을 또 다른 이름으로 <등운곡>이라고 부른다.

등운곡을 지나 조계문 앞에 서서 합장을 하고 부처님께 예를 올려본다. '오늘도 부처님 곁에 다가갈 수 있도록 기원합니다'라고.

다음으로 대성암 옆 너들겅을 걸어본다. 이 너들겅은 대성암 각해선림 구들장 아래로 졸졸 흐르는 물소리를 듣고 선의 경지에 불심을 듣는다 하여 '대성운수'라고 부르며 '금정 8경' 중 하나이다. 내 앞으로 대성암의 젊은 비구니 스님 네 분이 걸어가신다. 맑은 웃음과 담소하는 모습이 티 없이 맑은 어린아이처럼 천진스럽다. 아마 오전 공양을 마치고 고당봉으로 포행을 가는 중인가 보다.

금강암 뒤쪽부터는 여러 나무들이 어울려 있는 잡목림이다. 참나무, 서어나무, 노각나무, 산벚나무, 비목나무들이 각각 자기 영역을 정해 놓고 정답게 살아가고 있다. 비목나무 잎을 따다가 문질러 향기를 맡아본다. 향긋한 냄새가 온몸에 스며든다. 소나무와 참나무 군락지 사이로 쪽동백나무, 층층나무, 때죽나무, 개옻나무 등 작은 활엽수들이 좁은 공간에서 햇빛을 받으려고 모두들 손을 내밀고 있는 모습이 우리 사회의 생존경쟁 그 한 단면을 보는 것만 같다. 등산로 옆에는 병꽃나무, 덜꿩나무, 싸리나무, 진달래 등 키 작은 떨기나무들이 나름대로 뽐내며 서 있다.

북문과 가까운 지점에 오래된 홍송 한 그루가 떡 버티고 서 있는데 나는 양팔을 잡고 홍송의 기를 받아본다. 몸속으로 기가 와 닿는 느낌이다. 홍송 한 그루가 하루에 만드는 산소가 어른 두 명이 숨 쉴 수 있는 양이라니 과히 놀랍다. 이렇게 나무와도 대화를 나누고 싶다. 나무와의 대화가 진솔한 삶의 대화가 아닐까 생각해본다.

북문 앞은 잣나무숲이다. 요즘 잣이 제법 크게 열려져 있는데 청설모가 잣을 먹기 위해 분주히도 움직인다. 또 까마귀들이 자기 영역을 차지하려고 싸움을 하는 것인지 요란스럽게 울고 있다.

이렇듯 금정산은 생태계 보호구역으로 설정된 후 생태계가 많이 복원되고 있음을 확연히 알 수 있다. 산돼지, 족제비, 청설모, 다람쥐,

두더지, 두꺼비 등 보호종들도 많이 눈에 띄고 멸종위기 야생식물인 자주땅개비, 고란초, 키큰산국, 잠자리난초 등이 금정산에 자생하고 있음이 <녹색도시 부산21 추진협의회>에 보고되고 있다.

어느덧 탐방지원센터에 도착하면 심호흡을 크게 하고 흐르는 땀을 훔치며 <세심정>의 물을 한잔 쭉 들이켠다. 이 상쾌함을 어디 비유할까! 탐방센터에 도착하면 8시 50분. 산고양이들이 먹을 것을 달라고 탐방센터 입구에서 마중하고 있다.

이렇듯 자연과 더불어 하루일과의 시작을 맞이하는 것은 큰 축복이 아닐 수 없다.

이래서 출근길은 즐겁고 또 행복하다.

봄, 숲속을 걷다

생명이 풍성히 살아 숨 쉬는 숲으로

요즘 전국적으로 숲길걷기가 열풍이다. 나는 아침 일찍 숲길을 나선다. 맨 먼저 인사하는 게 팝콘처럼 툭 터진 매화꽃이다. 겨울 눈 속에서 봄의 약동을 불러내는 매화는 선비의 기상을 품는다. 매화의 또 다른 이칭은 꽃의 우두머리 뜻인 화괴(花魁)다. 일찍 피어 다른 생명의 봄을 이끄는 의미를 강조한 꽃이다. 추울 때나 눈 올 때 핀다고 하여 동매, 설중매라고도 부른다. 한겨울 추위를 이기고 저렇게 하얀 예쁜 꽃이 피는걸 보면서 자연의 오묘함을 느낀다.

또 군데군데 홍매화도 같이 핀다. 빨간 꽃이 너무 예쁘다. 흰 꽃, 빨간 꽃의 멋있는 조화다. 개나리와 생강나무도 노란 꽃으로 대적한다. 개나리는 잎보다 꽃이 먼저 피는 진달래와 같이 봄을 제일 먼저 알리는 나무이다. 또 생강나무 가지를 꺾어 코에 대어본다. 향긋한 생강냄새가 코끝에 스친다. 그래서 생강나무다. 붉은 동백꽃도 벌써 뚝뚝 떨어진다. 동백꽃은 필 때보다 질 때가 더 아름답다고 한다. 우리도 동백꽃처럼 질 때가 더 아름다워야겠다.

하얀 목련도 덩달아 떨어진다. 나무의 연꽃이라 목련이라 부른다. 떨어진 꽃이 시들지 않아 더 예쁘다. 하나씩 주워 냄새도 맡아본다. 진달래꽃도 앞 다투어 피고 있다. 꽃잎을 따다 입에 넣어본다. 오랜만에 먹어본 진달래꽃은 씁쓰름했다. 그래도 향긋하다. 길옆에서 만난 샛노란 얼굴의 봄꽃을 보았다. 복수초다. 글자 그대로 복을 주고 장수하게 해준다는 들꽃이다. 봄의 전령사이다. 앙증맞고 사랑스럽다.

보랏빛 얼레지꽃도 만난다. 이렇게 예쁜 아이의 꽃말이 '바람난 여인'이라니 예쁘다 못해 고귀해 보이기까지 한 얼레지꽃. 꽃이 피면서 꽃잎이 말아 올라간 모양이 마치 여인네 치마를 걷어 올린 것 같다 하여 '바람난 여인'이라는 꽃말이 생겨났다고 하니, 작명도 멋들어지게 하였구나 하는 생각이 든다. 진초록 바탕에 얼룩무늬 잎과 꽃이 주는 느낌은 사뭇 다르다.

산비둘기가 "구~구~구~구" 우렁차게 울어댄다. 짝을 찾는 걸까? 휘파람새가 "휘이휘이" 울어댄다. 나도 휘파람으로 응수해본다. 동박새, 곤줄박이도 짹짹거리며 반긴다. 앙증맞은 다람쥐가 쪼르르 달아난다. 작년 가을에 숨겨 놓은 도토리를 찾으러 다니는 모양이다. 어치란 놈도 노란 애벌레를 입에 물고 날아간다. 이렇게 이 모든 숲속에는 봄의 기지개를 켜고 있는 중이다. 숲에는 이처럼 나무만 있는 것이 아니라 많은 풀과 여러 동물들이 함께 두루 살고 있다.

또한 숲은 우리에게 산소도 주고 피톤치드도 제공한다. 피톤치드는 신경을 안정시켜주고 혈관을 유연하게 해주며 살균 및 소염작용을 해 우리 건강을 좋게 해주는 물질이다. 봄비가 와서 숲에 새로운 물질이 번지고 푸른 수액이 돌고 있다. 눈을 감고 조용히 걸어보면 자연의 소리가 들린다. 숲에서 자신의 모습을 찾아낼 수 있을 때 비로소 삶을 이해할 수 있다. 이렇듯 숲은 우리 삶에서 쉽게 찾을 수 없는 생기와 활력과 생동감을 불어넣어준다. 숲에 가면 나도 덩달아 행복해진다. 저절로 미소가 머물고 온몸에 생기가 돋아난다.

숲길을 걷자.

가을, 백양산 종주

백양산의 매력에 흠뻑 젖어들다

백양산은 우리 집 뒤에 있는 내가 가장 많이 올랐던 산이다. 부산에서 금정산 다음으로 두 번째로 높은(642m) 부산의 대표적인 산이다. 개인적으로는 초등학교 때 소풍을 다녔던 산이고 지금은 매주 오르는 정이 깊은 산이다. 오늘은 작은 배낭 하나 메고 백양산을 종주하련다.

백양산 나들이 숲길 10번 코스 솔바람길을 오른다. 산행 들머리엔 사스레피나무 군락지다. 사스레피나무는 사철나무로서 4월에 연한 노란빛의 앙증맞은 꽃을 피운다. 꽃에서 향기롭지 못한 분뇨냄새를 풍기는데 파리를 유혹하여 꽃가루를 다른 곳으로 옮기려는 전략이라고 한다. 냄새 때문에 올봄 신문에 실린 적도 있다. 사철나무가 1년 내내 푸른 것은 잎 안에 당분 농도를 높여서 어느 점을 낮추어 웬만한 추위에도 얼지 않고 광합성을 하기 때문이다. 길옆에는 구절초도 하얗게 피었고 검붉은 오이풀도, 보랏빛 쑥부쟁이도 지천이다. 약 15분 오르면 임도가 나온다. 임도에서 갓봉으로 향한다. 양 옆엔 곰솔과 리기다소나무가 군락을 이룬다. 그런데 소나무재선충에 걸려 누렇게 되어 안타깝다. 소나무재선충은 일본에서 옮겨와 이처럼 확산되었다고 한다. 초기에 방재 시기를 놓쳐 전국적으로 번졌다. 온 나라를 떠들썩하게 한 메르스 사태가 떠오른다. 사람이든 식물이든 초기단계에 철저하게 대비해야 된다는 교훈을 얻는다.

약 10분쯤 된비알 오르면 갓봉이다. 갓봉에 서면 가슴이 탁 트인다. 앞으로 엄광산, 승학산, 봉래산, 황령산, 장산, 낙동강이 한눈에 들어온다. 갓봉을 뒤로하고 호젓한 능선을 걷는다. 양 옆은 참나무 숲이다. 소나무들이 참나무 세력에 밀려 천이 된 것 같다. 다람쥐가 도토리를 줍다 놀라 쪼르르 달아난다. 아마 겨우살이를 위해 도토리를 주워 숨기려고 저렇게 분주하게 움직이는 것 같다. 다람쥐는 자기가 땅에 숨긴 도토리를 10%만 찾아내고 나머지는 잊어버린다고 한다. 그래서 다음해 봄에 참나무가 싹을 틔울 수 있다고. 도토리와 다람쥐의 공생관계가 재미있다.

약 15분을 걷다 보면 삼각봉이다. 삼각봉 전망대에서 망원경으로 저 멀리 녹산공단, 명지, 김해 국제공항, 가덕도, 을숙도 등을 쭉 둘러보니 장관이다. 삼각봉을 지나 능선을 따라가면 양쪽엔 청미래덩굴의 빨간 열매가 보석처럼 반짝인다. 키 작은 떡갈나무들도 겨울 준비를 하느라 누런색으로 변해가고 오리나무들도 잎을 다 떨구고 까만 알사탕 같은 열매만 달고 있다. 간혹 철모르는 진달래가 이따금씩 꽃을 피우고 있고 개옻나무, 단풍나무도 빨간색으로 옷을 갈아입었다. 이 멋진 가을 풍경이 아닌가!

오르막으로 조금 오르면 유두봉이 나온다. 이 유두봉(589m)은 산용산악회에서 표지석을 만들어 놨는데 이름을 '쌍봉'이라든지 다른 이름으로 수정하였으면 하는 생각이 든다. 유두봉에서 내려서면 애진봉이다. 애진봉은 부산진구 구민이 가장 사랑하는 한마음 동산이다. 그래서 애진봉이다. 봄이 되면 철쭉이 장관을 이루고 철쭉 사진전도 열리는 등 부산진구 구민이 가장 많이 찾는 봉우리다. 애진봉에서 10분 정도 오르면 백양산 정상이다.

정상에는 커다란 돌탑이 있다. 누군가에 의해 언제부터인가 정성스레 한 개 한 개 쌓인 게 저렇게 높은 탑이 되었다. 나도 돌 하나 얹고 마음속으로 소원을 빌어본다. 백양산 정상은 부산의 중심이기도 하다.

백양산을 뒤로 하고 불태령으로 출발한다. 불태령은 조선시대 만덕에서 초읍으로 장을 보러갈 때 넘던 고개로서, 주민들은 '부태고개'라고도 불렀다 한다. 양쪽 길옆엔 억새의 하얀 물결이 일렁이고 바닥엔 친환경 가마니포가 깔려 있어 푹신하다. 이곳엔 봄에 오면 양지꽃이 만발하여 온천지가 노란색으로 변하여 장관을 이루는 곳이다.

불태령에서 직진하면 만남의 광장이고 왼쪽으로 가면 주지봉으로 가는 능선이다. 나는 주지봉으로 간다. 작은 봉우리지만 아기자기한 봉우리 네 개를 하나하나 넘을 때마다 바위도 타고 재미가 쏠쏠하다. 우리 부산 산꾼들은 이 능선을 '백양공능'이라고도 부른다. 이 능선은 낙엽이 쌓여 걸을 때마다 바스락 바스락 촉감이 너무 좋다. 이 능선 끝봉 소나무 밑에서 휴식을 취한다. 시원한 바람이 상쾌하다. 눈앞엔 고당봉, 장군봉, 파리봉, 쌍계봉이 한눈에 들어온다. 능선을 내려오면 사거리다. 직진하면 덕천 주공이고 왼쪽은 운수사, 오른쪽은 만남의 광장이다. 나는 오른쪽 만남의 광장 웰빙 산책로로 간다.

웰빙 산책로는 말 그대로 웰빙이다. 산벚나무, 서어나무, 노각나무, 신갈나무, 측백나무, 오리나무 등 각자 나무들이 자기 영역을 지키며 살아가고 있다. 약 30분 걷다 보면 만남의 광장에 다다른다. 만남의 광장에서 선암사 쪽 갈멧길을 걷는다. 울창한 편백림이 반겨준다. 길옆에는 마삭줄 군락지다. 마삭줄은 열매가 말의 얼굴 형상을 하고 있어서 붙여진 이름이다. 5~6월경에 피는 바람개비 모양의 하얀 꽃은 향기가 매우 좋다. 이렇듯 숲의 기능은 숲에 있을 때 몸의 활력이 증진되고 머리가 맑아져서 지혜로움을 경험할 수 있다. 걸음을 멈추고 쭉쭉 뻗은 편백나무 풍경을 가슴 가득 담는다.

상쾌한 마음으로 걷다 보면 선암사다. 선암사에서 약수 한잔 쭉 들이켜고 약 4시간 30분간의 오늘 산행을 마감한다. "산이 내게 올 수 없으니 내가 산을 찾아간다"는 말처럼, 백양산은 언제 올라도 좋다. 정감이 가는 산이다.

향기 나는 사람

따뜻한 마음을 가진 향긋한 사람들

내 주변 몇 분에게서는 향기가 난다. 항상 밝은 얼굴과 그 미소가 좋다. 그분들에게선 긍정적인 생각과 배려하는 마음이 짙게 묻어난다. 나도 닮으려고 노력하지만 쉽지 않다. 안으로 자기를 정리하는 방법 가운데 가장 좋은 것은 반성의 자세로 항상 글을 쓰는 일일 것이다.

"A"라는 사람은 나에게 전화가 걸려왔을 때 A임을 알려주는 발신자 표시가 뜰 때 기분이 좋다. 왜일까? 그 사람과의 대화는 항상 즐겁고 푸근함을 느끼기 때문일 것이다. 항상 상대를 생각하면서 대화하고 마치 말에서 향기가 나는 것만 같다.

"B"라는 사람은 만나면 항상 미소를 띤 웃는 얼굴이다. 그 모습이 너무 좋다. 그러니 항상 행복해 보이는 사람이다. 웃으면 몸 안에 엔도르핀이 형성되어 몸 속 나쁜 균들도 죽인다고 하지 않는가! 그러니 B를 만나면 나도 덩달아 미소 짓고 싶어진다. 웃는 모습은 세상에서 가장 값진 보배이다.

"C"라는 사람은 종교단체에 참여하시면서 불쌍한 사람을 위해 봉사를 열심히 하는 분이시다. 그분은 항상 남에게 베풀고, 나누어 주고 싶어 한다. 남모르게 선행하는 것이야말로 진정한 베풂이 아닐까 싶다.

"D"라는 분은 화장실 청소하시는 분으로서 궂은일, 남들이 싫어하는 일을 묵묵히 그리고 불평 없이 열심히 하시는 분이다. 분명 몸에서 향기가 나는 사람이다.

이렇게 향기 나는 사람들은 따뜻한 마음과 긍정적인 생각을 가진 분들이다.

나의 산악회 후배 한분은 다리가 불편하신 장애인과 함께 산행을 할 때에는 항상 위험한 구간엔 손도 잡아드리고 배낭도 들어주며 천천히 호흡을 맞춰가며 뒤에서 묵묵히 따라오곤 한다. 그 모습을 보고 있자면 분명 그 사람에게선 향기가 난다. 119구조대원들 역시 산 정상에서 다친 사람을 구급대에 실어 땀을 뻘뻘 흘리시며 내려오는 모습을 보자면 분명 향기가 짙은 분들이다.

이처럼 사람의 마음을 적시는 향기와 제 빛깔을 내뿜는 삶을 살아야 하지 않을까. 삶을 선하게 살아온 흔적이 얼굴에 고스란히 묻어나는 분, 작은 것에 기뻐하고 감사하는 마음을 가진 분, 광택과 향기로 명품의 향과 빛깔을 지닌 사람은 그 사람만이 지니고 있는 마음씨가 있다. 이렇게 삶을 진실하게 함께하는 사람은 잘 익은 진한 과일향이 나는 사람이다.

꽃의 향기는 백 리를 가고 숲의 향기는 천 리를 가지만 덕의 향기는 만 리를 가고도 남는다고 한다. 우리 모두가 변함없는 '덕향만리'를 가졌으면 좋겠다. 긍정적인 삶이란 맞닥뜨린 현상을 밝게 보는 것이다. 밝은 눈으로 좋은 면을 보는 삶이 슬기롭다. 향기가 나는 사람을 생각하는 것만으로도 이미 그 향이 내 안에 번져온 것이다.

마라톤에 빠져들다

도전으로 충만해지는 삶

나는 올해로 마라톤을 한 지 14년째이다. 2002년도 부산아시안게임 무렵, 우연한 기회에 지인으로부터 마라톤 클럽을 결성하자는 제안을 받고 승낙하여 시작하게 되었다. 결성 후 첫해에 겁도 없이 조선일보 주최 춘천국제마라톤에 참가 신청을 하여 풀코스를 뛰게 되었는데, 의암호 주위를 한 바퀴 도는 환상적인 코스였다. 노란 은행잎과 빨간 단풍잎을 밟으며 잔잔한 호수의 물결과 산들바람의 상쾌함을 맞으며 달리는, 한마디로 한 폭의 그림과도 같은 코스였다. 그러나 역시 무리였던 걸까. 뛰는 도중 몇 번이나 포기하려고 망설였지만 이를 악물고 뛰었다. 발바닥이 부르트고 쥐도 내리며 정말 죽을 맛이었다. 그러나 농악대 소리와 군악대 연주, 거리에 나온 시민들의 응원에 힘입어

숨이 턱까지 차오르는 고통스런 순간에도 포기하지 않고 한 걸음, 한 걸음 계속 내딛으며 결국 결승선에 도착했다. 5시간 25분. 처음 출전한 셈치곤 기록이 좋았다. 나도 내 기록에 놀랐다.

완주 후 일주일 동안 양발바닥에 물집이 생기고 온몸이 아파 고생을 많이 했다. 철저한 준비와 연습이 있어야 완주가 가능하다는 것을 절실히 느꼈다. 마라톤은 자기 자신과의 싸움이다. 뛰면서 구간별 속도와 체력안배를 적절히 잘하여야 완주할 수 있다.

첫 완주 후 매주 동호회 회원들과 성지곡수원지, 해운대 동백섬, 영도 태종대, 백양산 임도길 등 아름다운 코스로 꾸준히 연습을 하였다. 전국의 각종 대회 참석도 꾸준히 하며 차츰 마라톤의 매력에 빠져들기 시작한 것 같다. 직접 완주함으로서 무엇이 나에게 부족한지를 알고 보완할수 있었다.

어느 정도 자신이 붙자 2007년 산악마라톤에 도전하게 되었다. 국제신문 주최 부산 5산 종주 트레일런 65km 대회이다. 부산의 5개 산 정상을 오르내리는 코스로, 동백섬에서 저녁 7시에 출발하여 장산, 아홉산, 철마산, 금정산 고당봉, 백양산 어린이대공원에 도착하는 코스이다. 머리에 야간 플래시를 끼고 거기에 의지한 채 작은 배낭에 물과 바람막이 옷을 넣고 밤새도록 달린다. 새벽에 철마산 아래 식당에서 주최 측이 제공하는 소고기 국밥을 한 그릇 먹고 또 달렸다. 고당봉에서 웅장히 떠오르는 아침 일출을 보면서 꼭 완주하겠다는 마음의 다짐을 하면서. 철마산, 고당봉, 백양산 정상에서 확인 도장을 받은 후 어린이대공원에 도착하니 오전 10시 12분. 장장 15시간 12분 동안 뛰었다. 해냈다는 성취감은 이루 말할 수 없었다.

마라톤은 심폐기능 향상 등 육체 건강뿐 아니라 정신건강에도 유익하다. 뛰는 동안 자기와의 대화를 꾸준히 하고 스스로를 성찰하면서 내안의 답을 찾을 수 있다. 그 과정에서 그동안 생각했던 모든 문제점은 눈 녹듯 사라진다. 가장 큰 효과는 자신감 회복 또는 강화에 있다. 자신과 싸우며 목표를 정한 거리를 완주했을 때 느끼는 성취감은 달려보지 않은 사람은 상상할 수 없을 만큼 크다. 온몸으로 자기를 발견하고 자기 자신과 하나 되는 고통스런 기쁨이다. 나는 마라톤을 마무리한 후 나의 건강을 체크할 수 있었다. 뛰고 난 다음날이면 몸에서 안 좋은 부분에 증상이 나타난다. 가령 속이 많이 쓰리다든지 허리 상태가 안 좋다든지 하면 바로 그런 부분은 조심하여 관리하곤 하였다. 지금까지 완주 메달을 세어보니 65km 산악마라톤 3회, 풀코스 8회, 하프코스 47회에 달한다. 참 많이도 뛰었다. 요즘은 하프코스만 봄, 가을 두 차례 뛰고 있다. 언제까지 뛸 수 있을까.

최선을 다해 도전하는 것은 행복이다. 나에게 창의와 열정이 샘솟고 있다. 마라톤을 시작하고 난 후 모든 일에 자신감이 생겨 점점 마라톤에 빠져든다.

후원단 활동

범어법인의 무궁한 발전을 기원하며

오늘 아침 출근하니 법인 사무장으로부터 창립 20주년을 맞이하여 후원단 일원으로 글을 부탁받고 별 생각 없이 승낙을 하였는데, 생각해보니 무슨 말을 해야 할지 얼떨떨하다. 먼저 '사회복지법인 금정총림 범어' 창립 20주년을 축하드린다. 범어사는 그동안 무수히 찾았지만 그저 영남지역 3대 사찰 중의 한 곳이라는 것과 금정산에 자리한 아름다운 절이고 부산시민이 가장 많이 찾는 곳이라고 막연히 생각했을 뿐이었다. 그러다 어느 날 법인 사무국장의 권유로 108후원단에 가입하게 되어 불자로서 본격적인 공부를 해보기로 다짐하였다.

사실 그동안 전국 여러 산을 등반하면서 각 사찰에 들러 아무 생각 없이 대웅전에 삼배만 올리고 불교를 배우고 싶다는 막연한 생각뿐이었다. 8월 중순쯤 법인 사무국장으로부터 9월 1일부터 약 3주 동안 아침 7시 30분 ~ 8시 40분까지 범어사 대웅전을 비롯하여 전각 10군데를 참배하고 팔상전에서 108배와 참선을 하자는 제안을 받았다. 도반 열다섯 명과 함께 매일 범어사에 올랐다. 청명한 가을 하늘에 상큼한 새벽공기를 마시며 첫 관문 조계문에 도착하니 '선찰대본산, 금정산 범어사'라는 글자가 눈에 확 들어온다. 불계에 도착했으니 이제부터 마음을 내려놓으라는 신호등 같았다. 범어사 조계문은 보물 제1461호로 사찰 경내로 진입하는 첫 번째 문으로서 속세와 불계를 구분하는 경계 구실을 한다. 범어사 조계문은 기둥이 두 개인 일반적인 한 칸짜리 일주문이 아니라 지름이 1m가 넘는 돌기둥 네 개가 일렬로 늘어선 세 칸의 일주문이다. 우리나라에서는 보기 드문 형태이다.

조계문을 지나니 천왕문 사천왕상이 큰 눈을 부릅뜨고 떡하니 버티고 서 있다. 두 손 모아 합장하여 본다. 이 문은 불법을 수호하는 사천왕상이 모셔진 전각으로 속세의 잡귀가 불세계로 들어오지 못하게 하는 곳이다. 천왕문을 지나 불이문으로 가는 길에 거대한 나무 숲 그늘이 싱그럽다. 길옆에는 빨간 꽃무릇들이 붉은 미소를 띠며 하늘을 향해 합장하여 참배하고 있다. 불이문은 마지막 관문으로 번뇌의 세계에서 깨달음의 세계로 진입하는 중요한 해탈의 문이다. 불이문 양 쪽 주련에 동산 대종사가 쓴 '신광불매 만고휘유(神光不昧 萬古輝猷)' '입차문래 막존지혜(入此門來 莫存知解)'라는 글귀가 눈에 들어온다. 신광의 오묘한 뜻을 알기 위해서 이 문을 들어서면서부터 분별심을 내지 말아야 한다는 뜻이다. 글귀를 읽으며 마음을 비워야겠다는 생각을 한다. 불이문을 지나 급한 계단을 오르니 대웅전이 나타난다. 계단 중앙에서 바라본 대웅전은 금정산과 어우러져 그 위용이 대단하다. 대웅전 부처님께 참배하고 전각 10군데를 돌고 팔상전에서 108배와 참선을 하고 나니 마음이 평온하다. 이것이 마음을 비우는 순서임을 알 것 같다.

108후원단 첫 모임 때 사무국장의 결성 모임 취지 설명을 듣고 계명암에 올랐다. 가파른 길을 오르면서 문득 '나이 많은 노보살 신도들은 어떤 심정으로 이 길을 오를까' 하는 생각이 든다. 아마도 불심의 힘과 부처님을 뵈옵기 위함이 아닐까.

계명암에 도착하니 공기가 정말 상쾌하다. 파란 하늘에 하얀 구름들이 반긴다. 저 멀리 금정산 의상봉도 따뜻한 눈길을 준다. 바로 눈앞에 일직선으로 보인다. 풍수지리학적으로도 멋진 곳이다. '아, 바로 이런 곳에 부처님이 계시는구나' 하는 생각이 문득 든다. 주지이신 법인 상임이사 선재스님의 108후원단 결성의 격려 말씀과 법문을 듣고 모두들 흐뭇하다. 점심 공양으로 국수를 먹으니 맛이 색다르다. 국수도 먹는 곳에 따라 맛이 다른 모양이다. 미소가 절로 난다.그래서 절에서 먹는 국수를 스님들은 '승소'라 부른다.

두 번째 모임에서는 당감동 선암사를 찾았다. 선암사는 나와 연이 깊다. 초등학교 다닐 때 소풍을 다니던 곳이고, 친구들과 밤 주우러 다니던 곳이기도 하며, 어머님의 49재를 지냈던 곳이다. 옛 추억이 소록소록 묻은 감회가 깊은 곳이다. 마치 옛 집을 찾아온 느낌이 든다. 주지스님의 따뜻한 환대와 법문을 듣고 기념촬영도 함께했다.

세 번째 모임은 가을비가 주룩주룩 내리는 날이었다. 범어사 대웅전 앞에서 만나 법인 대표이사이신 경선 주지스님의 법문을 듣고 기념촬영 후 계명암으로 향했다. 된비알로 오르니 자욱한 안개가 금정산과 어울려 한 폭의 동양화를 보는 것 같았다. 첫 모임 때 먹었던 못 잊을 국수와 수박을 또 맛보았다. 또한 명쾌한 선재스님의 법문에 모두들 이구동성으로 공감을 하였다. 이것이 시절인연일 성싶다. 이렇게 후원단 모임은 점점 영글어가는 듯하다.

하산하려는데 까마귀가 요란스럽게 울고 있다.

까마귀도 부처님 참배한다고 저렇게 우는 걸까?

가을빛이 산을 드리운 듯 옷을 갈아입는 요즘 우리도 인간의 옷을 하나씩 비움의 옷으로 갈아입어야겠다. 이렇게 범어사에 대해 조금씩 알고 나니 그 매력에 점점 빠져드는 것 같다.

다시 한 번 금정총림 범어법인의 무궁한 발전을 기원하여본다.

선암사에 얽힌 이야기

부산 사찰 역사의 의미 있는 한 페이지

선암사는 부산광역시 부산진구 부암동 백양산(白陽山)에 있는 절로 대한불교 조계종 제14교구 본사인 범어사 말사이다. 675년(신라 문무왕 15년) 원효대사(617-686)가 백양산 정상에 서서 낙동강 물이 바다로 유입되는 장관을 보며 창건했다고 하여 '견강사(見江寺)'라 이름 지었고 뒷산 절벽 바위 위에서 신라의 국선(國仙) 화랑들이 수련하였다 하여 '선암사(仙庵寺)'로 부르게 되었다. 선암사가 위치한 당감(堂甘)은 본디 제의(祭儀)를 올리는 신성한 곳으로, 당(堂)은 신이 내린 신성한 나무(堂山樹)를 모시는 집이고 감(甘)은 감로수를 뜻한다. 선암사 약수가 유명한 것도 그로부터 연유하여 일찍이 이곳은 우리 조상들이 한마음으로 공동체를 이루면서 기도를 드린 신성한 도량이었다. 『선암사기(仙庵寺記)』에 의하면 고려 말 왜구들이 불상을 약탈하다가 절을 짓고 불공을 드렸는데 재앙이 잦아지면서 비명을 지르며 목숨을 잃는 자가 많았다고 한다. 그래서 그 불상을 다시 배에 실어 웅천(지금의 진해시 웅천동)으로 보내어 성흥사에 모셨다가 현재의 극락전에 다시 모시게 되었는데 기도를 올리면 영험이 수승한다고 한다. 임진왜란 때 병화로 소실되었다가 1483년(성종 14년)에 각초(覺初) 선사에 중창하였다. 1568년(선조 원년)에 신연스님과 1718년(숙종 44년) 선오스님이 중수하였으며 1918년 동운(東雲)스님이, 1955년 혜수스님이 중수하였고 근세 선지식으로 유명한 혜월선사와 석암스님이 주석하면서 지금의 사격(寺格)을 이루었다.

경내에는 대웅전, 극락전, 관음전, 명부전, 산신각, 칠성각, 조사전을 비롯하여 종각, 종무소, 요사채 등이 있으며 목조 아미타여래 좌상 및 복장유물 삼중석탑, 금고(金鼓)괘불탱 등의 유물이 있다. 극락정토 도량이며 석축 위 동백나무가 매우 수려하다.

먼저 대웅전을 살펴보자. 대웅전은 석가모니불을 주존으로 좌보처에 문수보살, 우보처에 보현보살을 봉안하였다. 법당 내에 있는 청동북(青銅金鼓)은 조성명문은 없으나 규모나 제작 기법으로 보아 조선후기에 제작된 것으로 추정되며, 제작 당시의 선암사 사격(寺格)을 알 수 있는 소중한 유물로 판단된다. 2006년 11월 25일 부산시 문화재 제37호로 지정되었다.

다음으로 극락전을 살펴보자. 극락전 내부에는 아미타불을 주존으로 좌보처에 관세음보살, 우보처에 대세지보살이 봉안되어 있다. 주존불 아미타불(부산 유형문화재95호)은 부산지역의 조선시대 불상 중에서 가장 오래된 목조불상으로, 복장(腹葬)에서 1658년(효종 9년)의 조성발원문과 1693년(숙종 19년)의 중수발원문이 발견되었다고 한다. 조사전에는 묵선자 박지명 선생이 쓴 현판이 있다. 내부에는 한 장의 그림에 세분이 그려져 있는데 원효대사, 의상대사, 윤필거사일 것으로 추정된다. 관음전에는 반가관세음보살을 봉안하였다. 명부전에는 묵선자 박지명 선생이 쓴 현판과 주련 글씨가 있다. 북한의 금강산 신계사 현판도 선생의 글씨이다. 도명존자, 지장보살이 봉안되어 있다. 주련글씨를 풀이해보면 다음과 같다.

慈仁積善誓救衆生(자인적선서구중생)
자비로운 인연으로 적선하고 중생을 구제하니
倘切歸依奚遲感應(당절귀의해지감응)
간절히 귀의하면 어찌 감응이 더디겠는가?
掌上明珠光攝大千(장상명주광섭대천)
손바닥 위 마니주는 대천세계를 비추고
手中金錫振開玉門(수중금석진개옥문)
손에 쥔 석장(錫杖)으로 지옥문을 열어주네.

극락전 옆 마당에 세워져 있는 삼층석탑은 세 매의 옥개석으로만 구성되어 있는 작은 규모의 석탑이다. 석탑 부재의 크기 및 형태와 전각 체감률을 고려할 때 1층, 2층, 3층의 동일한 삼층석탑 옥개석으로 판단된다. 1층 옥개석은 지면과 맞닿은 아래 부분이 흙속에 많이 파묻혀 있지만 옥개 받침이 4단이며 낙수면과 옥개 받침 등의 치석이 대체로 좋은 편이다. 이 석탑은 조각 수법으로 미루어보아 고려시대, 특히 고려 후기에 조성된 것으로 파악된다.

선암사는 정종 2년(1400년)에 부산포의 동북쪽으로 이건하여 사명을 선암사로 개명하였다고 전해진다. 이로 미루어 이 삼층석탑 역시 고려시대에 조성되어 견강사 경내에 세워져 있다가 사찰의 이건과 함께 선암사 경내로 옮겨온 것으로 추정된다. 비록 기단부와 탑신석 및 상륜부가 소실된 채 옥개석만 남아 전체적인 원형은 갖추고 있지 않으나, 선암사의 사적기가 없는 현 시점에서 그 사력을 가늠해볼 수 있는 가장 오래된 유물이자 소중한 자료로 평가된다.

다음은 남반부로 내려와 가장 오래 선암사에서 주석한 혜월선사(1961-1937)의 일화를 알아보자. 혜월선사는 근대 불교의 선풍을 진작시키고 중흥시킨 선사로 널리 알려진 분으로, 부산 선암사에 머물며 무소유, 무차별을 몸소 실천한 선사이다. 소유하지 않고 차별하지 않는, 그리고 더불어 사는 삶을 살아낸 불교선지식으로 덕숭산 정혜사에서 출가하였다. 51세 때 '남쪽에 가서 불법을 전하라'는 스승 경허선사의 명을 좇아 남으로 내려왔으며 76세에 솔방울이 가득 든 자루를 어깨에 맨 채 그대로 입적할 때까지 통도사, 내원사, 범어사, 선암사 등 부산, 경남을 수유했다. 선암사가 가장 오랜 주석 처였다. 선사가 남긴 흔적이라고는 절 뒤편 동백나무 군락뿐으로 1920~30년대 선사가 직접 심고 가꾸었다. 예전엔 600그루가 넘었지만 지금은 약 70~80그루만 남아 있다. 그 외에 다른 흔적은 없다. 선사가 입적한 지 한참이 지난 후 천성산 중턱 양산 미타암에 세워진 '혜월혜명대선사 무상설법탑'만이 그나마 선사를 기억하는 유일한 흔적이다. 그러나 선사의 법과 삶은 사라지지 않고 부산과 경남 일대에 면면히 이어지고 있다. 선사가 깨달은 법은 운봉, 향곡을 거쳐 진제스님으로 맥이 이어지며 조계종의 큰 흐름이 됐다. 호봉, 현봉, 운암, 기석호 등 다른 제자들도 선사의 높은 도력을 전했거나 전하고 있다. 『부산불교 100년의 발자취』에서는 혜월선사는 무심도인으로 부산 불교에 큰 영향을 미쳤지만 선사의 삶을 기억하는 흐름은 그렇게 크지 않았다고 말한다. 선사께서는 글이 약해 기록이 많이 남아 있지 않은 것은 아닐까 유추해본다. 그럼에도 가진 것을 다 빼앗겨도 손해가 아니라는 지혜를 후배들에게 전한 선사의 삶은, 많이 가지는 것을 행복이라고 여기는 오늘날에 귀감이 될 수 있다. 선사의 비움, 즉 무소유에 얽힌 일화들은 깊은 울림을 주고 있다.

다음은 선암사에 얽힌 야담을 소개하고자 한다. 1960년대 초 당감동에서 생선 행상을 하는 한 할머니가 있었는데 할머니는 일찍이 아들을 잃고 손자와 살았다. 그 손자는 항상 말썽을 피우고 경찰서 신세도 자주 지는 터라 할머니가 속을 태우며 한숨으로 나날을 보냈다고 한다. 그러던 어느 날 주위 사람에게서 선암사 극락전에서 열심히 기도하면 손자의 그릇된 행동을 고칠 수 있다는 이야기를 듣고 매일 극락전에 올라 기도를 하였다고 한다. 지금은 도로가 생기고 길이 좋아 별로 힘들지 않지만 당시에는 산길이 험준하여 젊은이도 오르기 벅찼다고 하는데, 오로지 손자를 위해 그 험한 산길을 올라 기도를 하였다. 그러다 그만 하산길에 넘어져 엉덩이 골절상을 입은 할머니는 시름시름 앓다 3개월 후 돌아가셨다고 한다. 이후 할머니의 지성 때문인지 아니면 절의 효험 덕분인지, 할머니께서 자기를 위해 기도하다 돌아가신 사실을 손자가 알게 되었다. 이후 그 손자는 개과천선하여 검정고시를 거쳐 대학까지 독학으로 열심히 공부하였고, 사법고시에 합격한 후 훌륭한 법관이 되어 남을 위해 봉사하는 훌륭한 법조인이 되었다고 한다. 그리고 매년 할머니 기일에 선암사를 찾아 제를 올린다는 얘기가 전해진다. 지금도 선암사는 효험 있는 사찰로 소문나 많은 신도들이 찾고 있다.

두 번째 야담도 1960년대의 일이다. 석가탄신일 다음날 선암사 절에서 강도사건이 발생했다. 새벽녘 절에 강도가 침입해 돈을 지키고 있던 스님을 흉기로 찌른 뒤 돈 자루를 몽땅 들고 선암사 뒷산으로 도망간 사건이었다. 지금도 그렇지만 당시 선암사는 찾아오는 신도가 많은 유명한 절이었다. 부처님오신 날은 말할 필요가 없을 정도로 사람이 많이 왔었는데 선암사를 찾아온 사람들이 워낙 많고 보시도 워낙 많았기 때문에 선암사 측에서 아예 자루를 준비하여 보시를 받았었다. 강도는 그 사실을 알고 그 돈을 노렸던 것이다. 당시 사건이 대문짝만하게 보도되었던 것으로 기억한다. 그런데 몇 달이 지나도록 범인이 잡히지 않았다. 목격자도 없고 범인의 흔적도 없어서 경찰도 속수무책이었다. 범인이 누구인지에 대해 여러 가지 소문이 돌았다. 그중에서 경찰이 눈여겨본 소문이 있었다. 당시 선암사 뒷길에는 옻나무가 많았는데, 뒷길로 도망친 강도라면 틀림없이 옻이 올라 있을 것이라는 소문이었다. 그리고 얼마 지나지 않아 한 할머니의 신고가 접수됐다. 이웃에 사는 한 가난한 남자가 갑자기 돈을 많이 쓰고 옻이 올라 고생하고 있다는 것이었다. 이 할머니의 신고를 받고 경찰이 출동해 범인을 잡았다. 그 남자는 30대 가장이었는데 어린 자식들의 양식을 구하지 못해 차마 못할 짓을 했다고 자백했다. 가난이 죄였던 것이다. 그 당시 당감동은 이북에서 내려온 피난민들과 전쟁 참전용사들이 많아 피난민촌, 재건용사촌이 조성된 가난한 동네였다. 시대의 아픔 때문에 먹을 것을 구하지 못한 남자가 천년고찰 선암사에 침입해 시줏돈을 강탈한 반세기 전의 사건이다.

지금까지 알아본 선암사는 부산 사찰 역사상 과히 손꼽을 만한 사찰이다. 우리 모두가 잘 보전하여야겠다.

나무,
마음을 내밀다

초판 1쇄 발행 | 2019년 4월 23일

저자 | 김광식
사진 | 박정화
발행처 | 미디어줌
발행인 | 박수정
출판등록 | 2009년 4월 2일
신고번호 | 제 338-251002009000003호
주소 | 부산광역시 수영구 수영로 440
전화 | 051-623-1906
이메일 | mediazoom@naver.com

ISBN 978-89-94489-36-0

- 책값은 뒤표지에 있습니다.
- 잘못된 책은 바꾸어 드립니다.